A mi familia, por su paciencia.

Ganadería Regenerativa Eficiente.

INTRODUCCIÓN

Desde que era niño, escuchaba a mis padres, abuelos y tíos, ganaderos todos, opinar que la ganadería nunca sería un negocio rentable debido a los crecientes costos de producción y a los deprimidos precios de la leche, carne y sus derivados, controlados por los gobiernos... Debían encontrar la eficiencia, lo que posteriormente, me lanzó a la búsqueda de una alternativa rentable.

Debemos reconocer, aunque moleste, que en el trópico, la crisis económica que atraviesa la ganadería es debida principalmente al ineficiente manejo de los forrajes y a la fuerte dependencia de muchos insumos de los que se puede prescindir. El siguiente, es un compendio para la construcción y manejo de Módulos de Pastoreo Eficiente, en los que se aplicará técnicas regenerativas y holísticas como el Pastoreo Racional Voisin, junto a la tecnología de vanguardia desarrollada durante los últimos 20 años, para la producción de leche y carne de rumiantes, en el que se explica la forma de anular la dependencia de la mayoría de los insumos.

La aplicación permanente de estas estrategias, garantizará el mantenimiento de altos índices de productividad, dentro de un sistema integral de producción agroecológica. Manejado bajo las leyes y los principios del Pastoreo Racional. La rentabilidad sobre el capital invertido, se triplica o cuadriplica, en cuanto a la relación porcentual entre capital y beneficios; adicionalmente, se logra una significativa reducción de los gastos y la ventaja de contar con un suelo mejorado en su calidad, cada año, mediante la aplicación de prácticas, dirigidas en primer lugar, a aumentar la capacidad de sustentación del pastizal a 5-6 UA/ha/año, lo que equivale a añadir 5 o 6 pisos a la finca, sin necesidad de adquirir u ocupar más tierras, para soportar el crecimiento geométrico del rebaño, por un buen tiempo.

Un segundo grupo de estrategias, como consecuencia de la aplicación de las primeras, permiten prescindir totalmente del uso de concentrados, fertilizantes de síntesis química, herbicidas, insecticidas, garrapaticidas sintéticos, henos, ensilados, arados, control mecánico de malezas y por tanto, de tractores y otros equipos construidos para esas tareas, lo cual reduce significativamente los costos de producción, y minimiza el impacto ambiental negativo.

El contenido de esta obra es liberador; nos muestra, como liberarnos de esas dependencias, de manera rápida y económica, a través de la tecnología ganadera más avanzada y eficiente que se conoce; no amerita más inversión que unas cercas electrificadas y bebederos en los potreros, que construirán los productores con el dinero ahorrado en esos innecesarios insumos y el aumento sostenido de su producción y capacidad de sustentación. Es pertinente por tanto, una campaña institucional para su difusión.

Este texto no convencional, será mal visto, quizás vilipendiado por los fabricantes y vendedores de tales insumos depredadores del medio ambiente y del bolsillo de los productores. Desde hace tiempo han contratado muchos pseudocientíficos, agrotécnicos y publicistas, para desmeritar el eficiente efecto Voisin regenerador de suelos; aún tienen mucho insumo depredador, para vender.

Investigaciones llevadas por más de 40 años, han demostrado que la agricultura y ganadería orgánica regenerativa, racional son más eficientes, rentables, sostenibles y amigables con el entorno y los consumidores.

La tendencia de producir leche y carne a solo pasto, va en aumento encontrándose los siguientes beneficios para la salud del consumidor:

El consumo de carne con hormonas causa temprana aparición de la pubertad en mujeres y trastornos en la reproducción en varones; la carne de vacunos criados a pasto resultó ser rica en ácidos grasos omega-3 y ácido linoleico conjugado con propiedades antiinflamatorias que mantienen los vasos sanguíneos limpios y contiene isómeros con propiedades antioxidantes. Si comen hierba durante todo el tiempo, el pH en el rumen es aproximadamente 7; en animales alimentados con cereal y otros subproductos industriales, el pH en el primer estómago es alrededor de 4, muy ácido. La familia de bacterias que hacen la fermentación, prospera a un pH de 7 y produce copiosas cantidades de omega-3, no muchos omega-6, cuatro veces más ácido linoleico conjugado, más enzimas, el doble o triple de vitaminas A y E, y otros compuestos benéficos, libre de Escherichia coli.

La silvo ganadería Regenerativa Racional es una tecnología aplicada con éxito en muchos países, representa un cambio frontal de paradigmas, que extrañamente las instituciones educativas no han incluido en sus cátedras. Aún no hay suficientes agro técnicos especialistas en la materia y mucho insumo que vender.

El gran engaño a los productores del mundo.

Más allá de las ideologías, debemos desaprender un montón de cosas innecesarias que nos inculcaron a productores, profesionales y académicos, que nos hicieron dependientes de maquinaria, implementos, pesticidas, herbicidas, fertilizantes, balanceados comerciales, semillas, desechos de la agroindustria, equipos e implementos, tractores, y otros insumos, depredadores del medio ambiente, que adoptamos dogmáticamente, como la única alternativa de producción ganadera, actitudes adictivas impuestas por la publicidad, que ha costado serios reveses y demandas, a quienes se han atrevido a desafiar los intereses de las agro transnacionales, un reducido número de compañías que controlan la agroindustria la producción y comercio de los alimentos a escala mundial, así como la fabricación de tractores y demás equipos e insumos. Realmente necesitamos desaprender lo impuesto por las transnacionales del agro y la academia, al servicio de las primeras.

Nos dijeron que quitáramos todos los árboles de nuestras fincas, bajo la equivoca excusa de que la sombra limita el crecimiento de los pastos.

La verdad es que debajo de los árboles, el crecimiento del pasto es exuberante, además de crear un microclima favorable y evitar la pérdida de humedad del suelo, los árboles son una excelente bomba fertilizadora al extraer nutrientes desde las capas profundas del suelo e incorporarlos a la superficie, como hojas y frutos.

Nos enseñaron que todo lo que no sea pasto, en los potreros, había que eliminarlo utilizando arados, rolos, guadañadoras, fumigadoras y otros equipos, tirados por tractores, y la "mejor solución": matar con potentes herbicidas, las mal llamadas malezas de los pastizales.

La verdad es que cuando pequeñas áreas son sometidas a altas cargas instantáneas de animales; con una buena administración del pastoreo, estas, van desapareciendo, anulando el contaminante y costoso uso de potentes y venenosos herbicidas, que aniquilan también los organismos benéficos del suelo.

Nos bombardean con toda clase de ensayos y trabajos de campo, destinados a convencernos que para obtener una mayor y rápida cantidad de biomasa por hectárea de pasto cultivado, es necesario utilizar fertilizantes químicos solubles, que también matan la vida del suelo.

La realidad es que altas cargas instantáneas de ganado, al pastorear, rotando racionalmente, 6 a 9 veces al año, el mismo pastizal, deja a su paso, cerca de 30 toneladas por ha, de bosta y orina, abono orgánico, capaz de lograr superiores resultados, que los fertilizantes químicos, beneficiando, aumentando la vida del suelo y mejorando su estructura y fertilidad año tras año.

Nos han hecho dependientes de los alimentos balanceados comerciales, comprometiendo la rentabilidad de las ganaderías, con el consiguiente gasto de divisas para importar maíz y soja para su elaboración.

La verdad es que una combinación de gramíneas y leguminosas rastreras, arbóreas o arbustivas en los potreros, manejados racionalmente, anulan totalmente, esa dependencia.

Millones de bovinos en el mundo, son alimentados con granos provenientes de grandes sembradíos que además de consumir grades cantidades de energía fósil, para su producción, consumen grandes cantidades de agrotóxicos, cancerígenos en su mayoría, que finalmente desertifican el suelo, que además libera enormes cantidades de Co_2, a la atmosfera, cada vez que son arados, para sembrar cultivos perecederos. Es la gran estupidez de nuestra civilización.

Nos vendieron la idea que para sembrar, resembrar o restituir pastizales, es necesario arar el terreno, lo que causa un rompimiento del equilibrio ecológico y del ciclo del etileno, liberación de carbono a la atmosfera, muerte de la biota, y disminución de su fertilidad, que tarda años en recuperarse.

La verdad es que podemos sembrar sobre el tapiz, nuevos pastos mejorados, o suministrar sus semillas a los animales, junto a las sales minerales o cualquier otro vehículo y ellos se encargarán de esparcirlas, a través de la bosta, homogénea, ecológica y económicamente, en el terreno, con abono gratuito incluido; este método es el que ha utilizado la naturaleza por siempre a través de la manada pastando.

Famosos laboratorios nos muestran las costosas ivermectinas y otros compuestos, como la forma ideal de controlar parásitos del ganado.

La verdad es que contaminan las heces de los herbívoros, exterminando coleópteros como el escarabajo estercolero que comen y entierran las excretas, así como a lombrices, termitas y otros componentes de la benéfica biota del suelo, en detrimento de su fertilidad. Se ha determinado que las ivermectinas y demás derivados de las lactonas macro cíclicas, pueden ser sustituidas ecológicamente, por desparasitantes orgánicos y biológicos, tales como: el extracto de Nem (Azadirachta indica), azufrados y otros, como un inmunógeno inyectable que inhibe la ovoposición de las garrapatas, disminuyendo su población. Sabemos que una rotación diaria de potreros rompe el ciclo reproductivo de endo y ecto parásitos, y que la arborización de potreros hará retornar la avifauna controladora de parásitos.

Nos han dicho que para aumentar la capacidad de sustentación, es necesario instalar costosos sistemas de riego, perforar pozos profundos y re bombear agua, al pastizal, con el gasto de energía concomitante, para que la producción, no merme en la época seca.

La verdad es que con arborización, manejo eficiente y conservar intactos suficientes potreros en buenas condiciones, para la época seca, se puede mantener una producción uniforme.

En los últimos 100 años, exterminamos buena parte de nuestros rebaños criollos latinoamericanos producto de 500 años de adaptación, de elevada fertilidad y longevidad, consumidores de forrajes toscos, resistentes a las altas temperaturas, humedad y a parásitos tropicales, entre otras características. Fuimos segados por la publicidad foránea que nos mostraba en fotos, hermosos vacunos de zonas templadas, que importamos en pie y también su semen; animales que nunca se adaptaron en su condición pura, en los que nos gastamos una fortuna, con los que indiscriminadamente cruzamos nuestro criollos, absorbiéndolos, cuando la verdad es que con ellos, podemos utilizar cruzamientos dirigidos y obtener nuestra propia raza Doble Propósito Tropical, adaptada, cuyo germoplasma aún poseemos, la cual no alcanzará las quiméricas producciones de las razas europeas, pero es económicamente sostenible, sin el uso de tantos insumos.

Se nos ha venido diciendo que altas cargas animales instantáneas, compactan el suelo, exterminan el pastizal y contaminan la atmósfera.

La verdad es que el estiércol y orina depositados durante unas horas, cada 30 a 60 días promedio, es procesada rápidamente por macro meso y microorganismos del suelo, desencadenando el ciclo del gas etileno, que lejos de compactar aumenta la porosidad y aireación del suelo, su capacidad de retención de agua y fertilidad. Mientras más ganado visita periódicamente un pastizal, potreo, aparto, parcela o piquete, más excretas en el suelo, más materia orgánica que se transforma, obteniéndose mayor producción de forraje, así como la capacidad de sustentación que se vuelve creciente, hasta lograr cargas superiores a 5 UA/ha/año.

Copiamos y adoptamos la estabulación, práctica obligatoria en los países con crudas heladas y nevadas, con todo el gasto innecesario en establos, insumos, maquinaria equipos, mano de obra y disposición de excretas, que ello implica, haciéndola una actividad no rentable, comparativamente con el pastoreo agroecológico, donde un solo hombre puede manejar en pastoreo, más de 1.000 animales, diariamente, sin necesidad de tal infraestructura y equipos.

Extensas áreas silvopastoriles están siendo aradas cada año en Latinoamérica, para sembrar semillas transgénicas (OMG) que luego fumigan con el cancerígeno y depredador herbicida glifosato, al que solo esa semilla es resistente, ambos propiedad de una sola compañía, que junto a otras dos controlan ese negocio de principio a fin; han iniciado una campaña mundial para aumentar su consumo, para atender los intereses del complejo industrial petroquímico-mecánico cuya capacidad instalada se había quedado ociosa después de la Segunda Guerra Mundial con la pérdida del mercado de venenos y artefactos de guerra. Dedican enormes sumas de dinero en desmentir que los pastizales son sumideros de carbono y que una hectárea de pasto permanentemente, puede secuestrar y enterrar muchas toneladas de carbono al día.

Las sequías y las inundaciones son causadas por la destrucción de la capa superior del suelo y en consecuencia su biota. Debido a los arados continuos los suelos han sido lavados por la lluvia y el viento, aflorando una costra dura compactada que en lugar de absorber el agua de la lluvia, esta, corre y causa inundaciones. Cuando el agua no es retenida por el suelo, por el contrario, causa severa sequía, con el consecuente daño al suelo y a los animales. Extensas praderas se están convirtiendo en un desierto debido a la falta de animales en pastoreo dirigido.

Los desiertos están creciendo, porque ya no están las enormes manadas de herbívoros mantenidas juntas por los depredadores naturales, que podemos sustituir por la cerca electrificada; podemos usar el pastoreo de herbívoros domésticos para restaurar la próspera, biodiversidad de las praderas.

El papel de los herbívoros a pastoreo en nutridos rebaños en movimiento continuo, controlado, es crucial para detener la desertización de los suelos y el cambio climático. Es una emulación de lo que en el pasado hacían las grandes manadas de herbívoros en las praderas, obligadas a mantenerse pastando juntos, para defenderse de los depredadores, excretaban abundantemente en un mismo sitio; al terminar de comer y ensuciarlo, se movían hacia otro sitio, promoviendo un exuberante crecimiento de gramíneas y todo tipo de cobertura vegetal, que protege los suelos de la erosión causada por lluvias, viento e insolación.

Los productores y estudiosos del tema, sobre el freno a la desertización, entre los que destacan: André Voisin, Alan

Sabory, Luis Pinheiro, Bill Molinson, David Holgrem, Geoff Lawton, entre otros, han llegado a la conclusión de que son los rumiantes en pastoreo racional o dirigido, los llamados a recuperar los suelos degradados del planeta, convirtiéndose en consecuencia, en un factor de primer orden, para atenuar el cambio climático.

Existe un dicho en Nueva Zelanda y Australia, países con más bajo costo de producción por litro de leche: "Producir con rentabilidad es sensatez, producir muchos litros por vaca es vanidad"

EL SILVOPASTOREO REGENERATIVO EFICIENTE.

Es la más avanzada y eficiente técnica de manejo de los pastos, basada en la comprensión y aplicación de los procesos naturales para armonizar los principios de la fisiología vegetal, y las necesidades cualitativas de los animales, con el mejoramiento creciente del suelo, a través de los procesos bióticos, fundamentado en las Leyes Universales del pastoreo, formuladas por el físico químico André Marcel Voisin, convirtiéndose en los últimos 30 años, en la mejor tecnología para producir leche y carne, con rumiantes, mediante el pastoreo directo, de especies de gramíneas y leguminosas; que mejor se adapten a las condiciones edafo climáticas de la zona donde se implemente, obteniéndose una mejora significativa de la fertilidad del suelo, y la perennidad del pastizal, que soportará la mayor carga animal, al más bajo costo y sin daño al entorno, lo que determinará el carácter sostenible del sistema.

El suelo como recurso principal de la producción ganadera, será objeto de mejoramiento permanente, al aumentar su fertilidad sin fertilizantes y otros agroquímicos, evitando su degradación, mediante el abonamiento continuo, debido al pastoreo eficientemente controlado.

Este sistema mejora progresivamente, la fertilidad de los suelos puesto que se somete el pastizal al efecto favorable de la bosta, orina y saliva de altas cargas instantáneas de animales, con su influencia sobre las condiciones físico-químicas y biológicas del suelo, (Voisin, 1963), Primavesi Ana, 1990). En efecto, este rebaño, conformado al menos, por 200 unidades animales, durante 1 día, de pastoreo en cada potrero o parcela, dejará a su paso, más de 7 toneladas de bosta y orina/ha/día, que serán procesados e incorporados al suelo, por macro, meso y micro organismos, tales como escarabajos, lombrices, miriápodos, termitas, hormigas, líquenes y millones de bacterias durante las siguientes 3 semanas, los cuales se encargan también de des compactar el suelo pisoteado, que descansará entre 30 y 60 días, antes del siguiente pastoreo.

El sistema mejora la fertilidad del suelo, porque logra modificar positivamente, sus propiedades físicas y químicas, incrementando también la actividad de la microbiota, liberando elementos minerales como nitrógeno, fósforo, potasio y calcio entre otros, fundamentales para el crecimiento vegetal (Crespo y Arteaga, 1986; Crespo et al.,1998).alcanzando al menos el 90 % de la producción lechera con genotipos de mediano potencial, por lo cual se garantiza entre 30 y 60 kg de pasto por animal diariamente, en dependencia de la especie y el tiempo de reposo. Se puede afirmar que el pastoreo racional es la integración de los conceptos de la agricultura regenerativa, holística y permacultura.

Para su aplicación, la finca debe ser dividida en pequeñas parcelas o potreros, de diferentes áreas que van desde unos pocos metros cuadrados hasta 0,25, 0,5, 1, 2, ó 4 ha como máximo, de acuerdo a la superficie total que se posea, y a la cantidad de animales a pastorear en los que no permanecerán más de 2 días, (mejor si es 1 día) para evitar que coman el rebrote. Estos potreros deberán descansar desde 30 a 60 días, dependiendo de la especie y las condiciones edafo climáticas que le permitan a la raíz, acumular las reservas necesarias para un nuevo y vigoroso rebrote (Ley del Reposo) y recupere suficiente masa vegetal. Los potreros se ofrecerán a diario, en primer lugar a los animales de mayores exigencias alimenticias (ley del rendimiento Regular) como las vacas en producción lechera, o novillos en terminación según sea el tipo de explotación y el segundo día, al resto del rebaño (lote seguidor) conformado por ejemplo, por vacas secas y novillas preñadas, para terminar de consumir el pasto (Ley del Rendimiento Máximo) los cuales deben ser consumidos a fondo, o a ras, mediante una alta carga instantánea, para que el rebrote sea más vigoroso (ley de la ocupación). El potrero que esté en óptimas condiciones nutricionales y de masa vegetal, es el que Diariamente se ofrecerá al lote de despunte, como vacas en producción lechera, para lograr una sostenida alta producción (Ley del Rendimiento Regular) El sistema ha sido aplicado con éxito en bovinos, ovinos, caprinos y bufalinos.

La degradación y la consecuente renovación constante de los pastos, son las consecuencias inexorables de esta dinámica. La evolución de un proyecto PRV depende de la evolución de la biocenosis o desarrollo dinámico de la vida del suelo (Machado, 2004)). Esta evolución está condicionada por varios factores: es indispensable que el suelo no sea agredido, arado, rastreado, subsolado, de modo que su estructura evolucione gradualmente a buena porosidad requisito previo para la activación del ciclo de etileno en el suelo; a la par con este cuidado de no dañar el suelo, naturalmente, tenemos que incorporar grandes cantidades de materia orgánica, para que sea realizada su mineralización y así proporcionar alimento para la vida del suelo que en última instancia, promueve cambios cualitativos positivos.

El PRV se basa en la división del área en pequeñas parcelas y ocupaciones con altas cargas instantáneas, seguidas de reposo para la recuperación del sistema de reserva que le proporciona un nuevo crecimiento vigoroso.

Los suelos porosos, son producidos en la ausencia de cualquier agresión, con el aporte sustantivo de materia orgánica; permiten la entrada de agua y aire y el incremento de la vida del suelo. Es un ambiente donde alternan bacterias aerobias, cuando hay oxígeno, con las anaeróbicas, cuando aquellas se consumen todo el oxígeno. Este ciclo, aeróbico – anaeróbico se produce constantemente en el suelo, cuando las condiciones de porosidad permanecen. Cuando este proceso se produce en micro sitios de los pelos absorbentes, allí es donde las plantas toman los nutrientes para su supervivencia y producción, allí se desarrolla el ciclo de: bacterias anaerobias en un ambiente de alta reducción secretan gas etileno un regulador crítico de la actividad biológica del suelo, que interfiere con la propiedad de las reacciones redox y para controlar la liberación de los iones de micro y macro elementos para la nutrición de las plantas, siempre en suelos de buena estructura y porosidad (Widdowson, Penmtsa , Kluso, Machado). Muchos nutrientes, fósforo y azufre, por ejemplo, permanecen fijos en el suelo con las sales complejas de Fe+ + + férrico, es decir, Fe oxidado. Estas sales tienen una carga eléctrica muy alta y fijan fuertemente nutrientes tales como fósforo y azufre, que por lo tanto no son ni lixiviados ni absorbidas por las plantas (Widdowson, 1993). Las bacterias aerobias, que oxidan el ambiente, tienen una actividad muy intensa y son alimentados por los exudados vegetales. Esta actividad produce una reducción en el nivel de O_2 y los microorganismos anaerobios se activan produciendo gas etileno en los micro sitios radiculares. El etileno inactiva, pero no mata a los aerobios.

En un suelo bien ventilado, como son los suelos de PRV, el O_2 entra y activa los aerobios y limita la acción de los anaerobios. Este ciclo se repite constantemente, donde las condiciones del suelo son favorables. A medida que aumenta el nivel de etileno, sales de hierro férrico (Fe+++) insoluble, son reducidos por el etileno a ferroso (Fe ++). En este estado, las sales férricas son solubilizantes liberando el fósforo y el azufre, haciéndolos disponibles para las plantas, en el sitio exacto de la absorción a través de los pelos absorbentes. Este mecanismo se produce constantemente en la naturaleza y explica, por ejemplo, la buena fertilidad que es común en los suelos de los bosques nativos. Como se ve, el proceso en sí, no ha tenido ninguna intervención humana; no puede ser "empacado". Así que no es aceptado por la agronomía convencional y las corporaciones multinacionales, ya que no genera ingresos, salvo en la propia vida del suelo y por lo tanto para el productor (Pinheiro L1990)

Es necesario aclarar que en esta obra la palabra "potrero" que aparece con frecuencia, es sinónimo de parcela, piquete, aparto o corral, términos usados en otras latitudes de habla hispana y la abreviatura UA para unidad animal de 500 kg de peso vivo, o su equivalente en animales.

OBJETIVOS Y ESTRATÉGIAS.

1. Maximizar el aprovechamiento de la tierra, mediante la implementación de un paquete tecnológico avanzado, de fácil gestión y manejo, que permita aumentar considerablemente la capacidad de sustentación de los pastizales, en algunos casos, hasta 7 UA/ha, obteniéndose rendimientos de 20.000 kg de leche y 2.000 kg de carne ha/año, mediante la manipulación genética adecuada que conduzca a la obtención de vacas cuya lactancia supere los 3.000 kg, producir novillas, que paren a los dos años de edad y novillos terminados a los 24- 28 meses.

2. Obtener sensibles beneficios ambientales mediante la implementación de un sistema agro silvo pastoril, sostenible, mejorador de los suelos. que prescinde de insumos externos como fertilizantes químicos, pesticidas herbicidas y demás agro tóxicos, para impedir la degradación de los pastizales y hacer viable su perennidad o vida útil indefinidamente.

3. Producir económicamente (menor costo por unidad de producto)

4. Incrementar la fertilidad natural del suelo, su productividad (biomasa) prevenir la erosión y proteger el ecosistema ganadero y el medio ambiente en general, respetando el bienestar animal para obtener su óptimo desempeño productivo.

5. Producir leche y carne sin contaminantes (productos orgánicos).

6. Lograr "módulos pilotos que puedan replicar otros productores para expandir su uso a fin de incorporar al sistema, un gran número de ellos, lo cual permitirá maximizar y potenciar el esfuerzo financiero y de asistencia técnica, debido a que aplica a pequeñas medianas y grandes superficies.

Estrategias tecnológicas a desarrollar.

La producción de leche y carne de forma eficiente a partir de vacunos de Doble Propósito, alimentados en pastoreo de gramíneas y leguminosas, dependerá, entre otros, de las siguientes estrategias:

1. Pastoreo Racional regenerativo Eficiente, que consiste en dividir la finca en pequeños potreros o parcelas con cercas electrificadas o de tipo convencional, con superficies desde unos pocos metros, como el caso del pastoreo en franjas,

0,25, 0,5, 1 ha hasta 4 ha como máximo, cada uno, en dependencia de la superficie total a manejar, en los que el ganado permanecerá de 2 a 3 días máximo, mejor si es un día, lo que elimina la dependencia del uso de fertilizantes y herbicidas.

2. Control del pastoreo, mediante aforos de potreros, ajuste periódicos de la carga animal y cronogramas de pastoreo.

3. Construcción de acueducto y bebederos en todos los potreros y otras áreas.

4. Sustitución de balanceados comerciales mediante: a. Siembra de Bancos de proteínas, b. Cercas vivas de especies leguminosas forrajeras, c. arborización de potreros con leguminosas maderables forrajeras que producen frutos comestibles para el ganado. d)

5. Siembra de asociaciones de leguminosas tales como el Maní forrajero (Arachis pintoi) y Stylosanthes capitata con gramíneas tales como las del género Brachiarias.

6. Control de calor: Uso de sombreadores, arborización y ventiladores en la sala de ordeño.

7. Programa de Bio contención, que incluye la sustitución de invermectinas.

8. Cría de becerros/as, con métodos eficientes.

9. Control individual de la producción de leche.

10. Control reproductivo (I.A. o Monta controlada).

11. Registro de los datos en tarjetas, o en un computador de la finca, o de la Asociación de productores mediante uso de soft ware ganadero)

12. Visita veterinaria para diagnóstico reproductivo y sanidad al menos, una vez al mes.

13. Manipulación genética mediante cruces alternos.

14. Administración y Contabilidad Agropecuaria.

Estas estrategias podrán ser implementadas preferiblemente, todas en conjunto.

1. Estas estrategias van dirigidas a aumentar la capacidad de sustentación de las fincas, hasta 5 a 6 UA/ha/año, equivalente a añadirles 4 a 5 pisos, sin necesidad de adquirir más tierra y estrategias para anular la dependencia de insumos Tales como: fertilizantes, herbicidas, concentrados, desparasitantes, silajes, rolo, guadaña, arados, cosechadoras, tractores pastos de corte, y otros para disminuir los costos de producción en más de 50 %. Ambas estrategias. Conforman la tecnología ganadera más eficiente y rentable que existe, aplicada por muchos productores en el mundo, hace años.

Beneficios del sistema propuesto.

a. Impedir la degradación de los pastos y hacer viable su perennidad indefinidamente, en un sistema agro silvo pastoril, en el que se podrán conservar algunas especies arbóreas autóctonas.

b. Con el uso de un controlado pastoreo rotativo eficiente, anular la dependencia de insumos agrotóxicos, haciendo más económica la producción ganadera mientras se practica un total respeto por la naturaleza y el ambiente.

c. Producir más leche y carne por ha/año.

d. Incrementar la fertilidad natural del suelo, su productividad (biomasa) prevenir la erosión y proteger el ecosistema ganadero y el medio ambiente en general.

e. Producir carne y leche sin contaminantes Las fincas podrán certificarse como productoras de alimentos orgánicos.

f. Se pueden alcanzar cargas superiores a 6 unidades animal/ha/año y producciones entre 15.000 a 30.000 kg de leche/ha/año y 1.800 kg de carne /ha/año (Stobbs (1977)

g. Con la Ganadería Regenerativa se puede prescindir de silajes y balanceados comerciales: Esta tecnología bien manejada, es 10 veces más económico que el silo de maíz o de pasto y concentrados, con similares resultados. Estudios nutricionales y de costos muestran que el contenido nutricional de un silo de maíz, aun en las condiciones más idóneas, de grano lechoso y nutrición adecuada, tiene un contenido proteico de 8,5 %, lo cual no es superior en contenido proteico y energético de una buena asociación de leguminosas tales como por ejemplo, el Maní forrajero (Arachis pintoi) o el Stylosanthes capitata, con gramíneas como los nuevos híbridos de las brachiarias o una mezcla kikuyo-raigrás y otros pastos modificados genéticamente. El contenido energético es muy similar, con un consumo a voluntad, el rendimiento es muy superior económicamente. Los pastoreos arrojaron a costo total, menos de un centavo de dólar/Kg, mientras el costo más bajo conseguido de silo, es 10 veces más alto.

Mientras que la producción de maíz o sorgo para silo, requiere fertilizantes de síntesis química, herbicidas e insecticidas, que degradan los suelos, el pastoreo racional mejora la biota y fertilidad de los mismos.

El análisis del uso de los balanceados comerciales, también arroja resultados económicos similares, sólo justificable, en vacas de producciones altas (más de 20 Kg leche/día) caso especial en que se debe hacer un balance muy responsable, tanto con la salud del animal, como en la rentabilidad del suministro del balanceado, según los precios de la leche. Por supuesto, no omitir el suministro de una buena mezcla de minerales.

h. Beneficio ambiental: un pastizal secuestra 14.467 kg/ha, de Dióxido de carbono (CO_2) (Harper et al 1995, Schwartz J; 2013) mientras que un bovino emite a la atmósfera mediante los eructos, flatulencias y la volatilización de sus heces sólo 350 kg de CO_2 en toda su vida. Una hectárea de pastizal manejado bajo una tecnología como la propuesta, secuestra en un solo día el todo el CO_2 emitido por una vaca durante toda su vida o lo que vale decir, que una ha de pasto bajo PRV secuestra en un solo día el carbono emitido por 350 vacas. (De la Rúa M., 2015, citando a Judith Schwartz en The Cows save the planet)

Además del secuestro de carbono por parte de pastizales y su componente arbóreo, está demostrado que los rebaños al concentrar sus excretas sobre reducidos espacios pueden recuperar suelos desnudos, sin vegetación, desertizados, en lo que parece ser la alternativa sustentable y rentable de recuperación de los desiertos del planeta, de cara a los efectos del cambio climático, magistralmente expuesto en sus obras y videos en internet por, Allan Sabory, Masanobo Fukuoka, Bill Mollison, David Holgrem, Luis Pinheiro, Ana Primavesi, Joel Salatin y Geoff Lawton, entre otros, quienes proponen sistemas novedosamente orgánicos muy interesantes, por el trabajo e insumos que ahorran, de cero labranza, insecticidas, herbicidas, siembras mecánica, tractores e implementos, por lo eficaces y ecológicos que resultan.

Plantas pratenses.

Es necesario señalar este concepto, que sólo André Voisin, definió sobre las gramíneas y leguminosas que son capaces de rebrotar crecer y recuperarse en su totalidad, una y otra vez durante el año, a partir de las reservas que acumulan en sus raíces, fenómeno que estudió a fondo como ningún otro, que debe ser manejado cuidadosamente, en el sentido de que si la planta es cortada o pastoreada antes que las raíces logren acumular las reservas suficientes para su rebrote, es perjudicial para la planta, extinguiéndose por completo; si al contrario, la planta se pastorea después de haber acumulado esas reservas, se "pasa" o lignifica, es perjudicial para el ganado, que se obliga a consumir un pasto leñoso, de baja calidad nutritiva, en detrimento de su producción, razón por lo que hay que pastorearla en el punto óptimo de reposo.

Como resultado de sus estudios, André Voisin, dejó el siguiente legado a la humanidad.

Leyes de universales del pastoreo Racional Voisin.

Estas Leyes formuladas por André Voisin, representan un paradigma en el manejo de los pastizales con base científica, además la filosofía de estas Leyes es que siempre estén en funcionamiento, sin importar las condiciones climáticas, el tipo de suelo o la situación geográfica.

1. **Ley del Reposo.**
2. **Ley de la Ocupación.**
3. **Ley del rendimiento Máximo.**
4. **.Ley del Rendimiento regular.**

1. **Ley del reposo**. *"para que una hierba cortada por el diente del animal pueda dar su máxima productividad, es necesario que entre dos cortes sucesivos, haya pasado tiempo suficiente que pueda permitir al pasto: 1. Almacenar en sus raíces las reservas necesarias para un rebrote vigoroso y 2. Realizar la llamarada de crecimiento o alta producción diaria por ha.*

Se refiere a que el potrero, parcela, piquete o corral, que ha sido pastoreado, debe tener un reposo absoluto que va desde 30 hasta 60 días según la especie de pasto, suelo y el clima, para que reponga la masa vegetal y las raíces acumulen las reservas suficientes para el siguiente y vigoroso rebrote. En este sentido, en ganado no debe permanecer más de 2 días en la misma parcela o potrero, mejor si es un día, óptimo, medio día, porque increíblemente, a los 3 días pos pastoreo, se observan los primeros rebrotes; hojas diminutas comienzan a aparecer y serán arrancadas por los animales; en consecuencia, habrá un menor rendimiento de pasto, o acaba por extinguirse el pastizal. Esto último es lo que sucede en las ganaderías extensivas sin control racional del pastoreo, ocasionando la necesidad de usar arados y resiembra del pasto, con la consecuente pérdida económica no solo en maquinaria sino también en los 4 a 6 meses en desuso del potrero hasta recuperarse. El Punto Óptimo de Reposo (POR) que coincide con la prefloración, debe ser observado, puesto que si no se consume el pasto en el momento adecuado, este madurará y lignificará perdiendo capacidad nutritiva y palatabilidad; el ganado no lo comerá vorazmente, disminuyendo su producción.

No todos los potreros de una finca o de un módulo bajo PRV tendrán su Punto óptimo de reposo en el mismo orden en que fueron pastoreados; de manera que el pastor debe dominar "el arte de saber saltar" potreros, porque si el pasto es consumido antes que suficientes reservas se acumulen en sus raíces, el rebrote será lento, difícil y deficiente.

Algunas señales de que el pasto en el potrero está pasando el POR son: aparición de hojas secas en la base de los tallos y de inflorescencias o pequeñas panojas con algunas semillas, en unas pocas plantas, aparición de hojas de color morado en la punta, se comienzan a doblar las hojas debido a la lignificación, entre otras. Estas señales, además de la fecha del último pastoreo, deben ser observadas en algunas especies de brachiarias que producen semilla, solo una o dos veces al año. Un potrero lignificado no será consumido totalmente por los animales, produciéndose el efecto macollante de tallos duros, que tienden a terminar con el mismo. Un pasto no debe ser pastoreado antes que las raíces hayan acumulado suficientes reservas para un vigoroso rebrote, pero tampoco después que comience a fructificar o semillar.

Es necesario, sin embargo llevar un registro u hoja de vida por cada potrero y anotar las fechas aforos, rendimientos, fechas de pastoreo y los tiempos de reposo, los cuales se van reduciendo a medida que el pastizal, arborización y fertilidad del suelo mejoran, por tanto, las siguientes empastadas pos consumo mejorarán también en densidad y rendimiento.

Es un error planificar el pastoreo con tiempos fijos de descanso; estos variarán con las condiciones climáticas, como lluvia, días cortos, días nublados o soleados, temperatura, sus combinaciones y otros, imperantes en el momento en que fueron pastoreados, por lo que algunos tiempos de reposo serán más cortos que otros.

Se puede hacer una lista semanal al operario de los potreros a consumir, los cuales no necesariamente, en la práctica, se consumen consecutivamente; una buena administración del pastoreo es necesaria.

Al pastorear un potrero a ras, el rebrote no surge de las yemas aéreas o tallos, sino de las abundantes yemas radiculares y basales de la planta, el cual se debe en un principio, a partir de las reservas de la raíz de forma lenta y en la medida que va adquiriendo hojas que realicen fotosíntesis, ocurre una *llamarada de crecimiento* en los últimos días de su reposo o de la curva sigmoidea de crecimiento.

En condiciones idénticas en cuanto a las cantidades o proporción de sustancias de reserva que permanecen en las raíces después del corte, el rebrote podrá variar de acuerdo a varios factores como: duración del día, temperatura ambiente, humedad del suelo y su fertilidad, precipitaciones pluviales y otros (Voisin 1.967)

2. **Ley de la ocupación**. *"el tiempo global de ocupación de una parcela, debe ser lo suficientemente corto, para que una hierba cortada a diente el primer día (al principio) del tiempo de la ocupación, no sea cortada de nuevo por el diente de los animales, antes que estos, dejen la parcela"*

En el sistema extensivo tradicional el ganado dura varios días en un potrero, bosteando, orinando, ensuciando el pasto que va a consumir en el día siguiente, vagando y pisoteando desperdiciando gran parte del pastizal; más del 60 %, en la búsqueda o selección de hojas tiernas y rebrotes. En el PRV el cambio diario a un potrero en el punto óptimo de reposo, evita el efecto desperdicio y se consume casi la totalidad del mismo, debido al estímulo del apetito y voracidad desarrollada al por la competencia de muchos animales, al consumir un potrero de pequeñas dimensiones.

Un potrero debe ser ocupado totalmente por un lote de animales, en tal cantidad, que pastoreen a fondo el pastizal durante un día, evitando el vagabundeo por el mismo, compactando el suelo, desperdiciando pasto y aumentando el gasto energético que debería estar dirigido a la producción de leche y carne. Los potreros deben ser preferiblemente ocupados por dos lotes de animales en el método de punteros o despuntadores en primer lugar, a pastar, conformado por los animales de mayores exigencias alimenticias como vacas en producción lechera, las cuales conforman generalmente el 30 % del total del rebaño de la finca; en segundo lugar, al siguiente día, el lote de repaso o seguidores, conformado por las vacas secas, novillas y resto del rebaño de menor requerimiento nutricional que conformarían el otro 70 %. Se puede llegar a conformar hasta 3 lotes para pastorear el mismo potreo durante 2 días, como máximo. Para obtener los máximos resultados o rendimientos el pastoreo debe ser a fondo o a ras, hasta 3 a 5 cm de altura, obteniendo así casi la totalidad de la masa forrajera del potreo a excepción del pasto pisoteado, que en PRV es de menos del 20 %, debido a que una alta carga animal instantánea en poca superficie, desarrolla voracidad y competencia, en los animales, evitando el bagaje por el potrero.

Se ha observado que pastos pastoreados a fondo muestran un rebrote más vigoroso, con mejor desarrollo y cobertura de la superficie, obteniendo mejor rendimiento de masa verde en el siguiente corte, debido principalmente al efecto bosta – orina y al efecto saliva.

3. Ley del rendimiento máximo. .*"es necesario ayudar a los animales de exigencias alimenticias más elevadas para que puedan cosechar la mayor cantidad de hierba y para que esta sea de la mejor calidad posible.*

Cuando se proporciona a diario, un potrero en el punto óptimo, al ganado, este mantendrá su producción de leche constante sin fluctuaciones y el resto del rebaño, mantendrá una ganancia de peso uniformemente constante, por encima de 700 gr/día, siempre utilizando el método de punteras y seguidoras. Por supuesto al permanecer menos tiempo en el potrero o parcela y exigir menos que la vaca en producción de leche, consuma más a fondo, esta aprovechará las hojas apicales más tiernas y de mejor contenido nutritivo, apetecidas por los animales en forma natural.

Cuando las vacas son obligadas a pastar a fondo, disminuye el consumo voluntario.

El punto óptimo de pastoreo no necesariamente coincide con el tamaño más alto del pasto, porque cuando hay sequía y altas temperaturas la planta alcanza su desarrollo fenológico y comienza a fructificar o semillar, para perpetuar la especie, de forma tal que puede alcanzar el punto óptimo con escasa masa verde; en este caso, el potrero debe ser pastoreado; por ello debe llevarse un registro con las fechas en que fueron pastoreados y comparar esa fecha con el grado de desarrollo del pastizal.

El segundo lote o de repaso estaría constituido por vacas secas, mautes, novillos en pre terminación, novillas preñadas, Vacas y toros en recuperación para la venta, toros en pre servicio o en descanso. En estas condiciones las malezas van desapareciendo a medida que avanzan las rotaciones. Construir un módulo adicional para alguno de esos lotes es una opción pertinente.

El material no consumido, cuando no se pastorea a fondo, no solo no es aprovechado por el animal, sino que consume las reservas de las raíces, afectando negativamente la capacidad del rebrote y la producción en cantidad y calidad futura del potrero; el lote de repaso debe entrar inmediatamente después de la salida del lote despuntador, antes que el pasto rebrote.

Cuando no se tiene suficientes animales para consumir la totalidad del potrero, el remanente debe ser guadañado a máquina para asegurar un buen rebrote y evitar que las malezas se apoderen del terreno.

En la época de lluvias el tiempo de reposo tiende a acortarse, pero debe tomarse la previsión para la época seca, Pastorear un potrero antes de la condición óptima, antes de acumular suficiente reservas en las raíces, causará una disminución en la cantidad y calidad de la próxima cosecha llegando incluso a su deterioro completo del pastizal.

4. **Ley del Requerimiento Regular.** *"para que una vaca pueda dar rendimientos regulares, es necesario que no permanezca más de 3 días en una misma parcela. Los rendimientos serán máximos si la vaca no permanece más de un día en la misma parcela"*

El ganado produce su mayor rendimiento durante el primer día de pastoreo en un potrero, disminuyendo en los días siguientes. Para mantener ese rendimiento regular en todos aspectos. Productivo reproductivo y sanitario, se debe proporcionar a diario, un nuevo potrero o parcela, mejor si son 2 potreros al día para los animales de más alto requerimiento nutricional como las vacas en producción.

Las vacas consumen en el mismo potrero, 60 kg de pasto el primer día, 44 el segundo y 36 el tercer día, respectivamente, en la medida que disminuye la cantidad de hojas tiernas y palatables. Por esta razón se recomienda dividir el lote de pastizal seleccionado, en 62 potreros como mínimo para una ocupación diaria, con un tiempo de reposo de 60 días, pero si la ocupación es de 2 potreros al día, la cantidad es de 122 potreros, en caso de sequias moderadas de no más de 3 meses.

El gerente o pastor de un sistema PRV, nunca permitirá que los potreros se pasen del Punto Óptimo de Reposo, Cuando la oferta forrajera supera el consumo, habrá que traer más animales a la finca, ofrecer pastoreo rentando los potreros o regalarlo a los vecinos, lo cual se hace dificultoso. Debido a variados aspectos, entre ellos la modificación del programa de pastoreo. Se debe mantener el programa de ocupación, respetando los tiempos de reposo establecidos y henificar los potreros sobrantes y vender esas pacas y guardar una parte por si se prolonga la época seca; bajo ningún pretexto se obligará al rebaño a comer pasto leñoso, "pasado" o de mala calidad.

Por ejemplo: se cuenta con 38 potreros o parcelas y el descanso es de 35 días, y un (01) día de ocupación por potrero, los 3 restantes no se pastorearán, porque alteran la rotación. Cuando no pueden ser henificados se les pasará guadaña o cortadora.

En conclusión, el pastoreo será vigilado y conducido por humanos; por eso se le denomina Pastoreo Racional.

Comportamiento bovino durante el pastoreo.

Los bovinos comen caminando hacia adelante en línea recta cosechando a medida que avanzan, El pastoreo en franjas es inadecuado en vacas en producción lechera, porque se les obligaría a pastar a fondo; en ese caso, habría que suplementarlas fuertemente con balanceado o un sustituto proteínico.

Los mayores picos de pastoreo se observan en las primeras horas del día durante la puesta del sol y cerca de la media noche de 11 a 1 am. Las tres comidas mencionadas totalizan 6 horas de pastoreo intenso, del total de 8 a 9 horas que pastorean durante las 24 horas, restando 2-3 horas, para pastoreos esporádicos.

El silencio y tranquilidad son necesarios para el pastoreo, incluso, para la manifestación y detección del celo; las vacas; no entran más en celo de noche que de día, sino que las actividades diurnas de la finca interfieren en la manifestación del ciclo. La falta de descanso y sueño producen anormalidades en el comportamiento; los bovinos tienen periodos de somnolencia diurna también; necesitan dormir alejados del ruido. Las vacas se distraen mucho durante el día con todas las actividades y ruidos de la finca; por tal motivo, el pastoreo nocturno es más eficiente que el diurno. Se debería disminuir los ruidos en las fincas, como cornetas, motores ruidosos, música a alto volumen y otros.

El pastoreo debe comenzar inmediatamente después del ordeño a una hora fija por ejemplo: 5 am y 5 pm ó 6 am y 6 pm, dependiendo de la cantidad de vacas que se ordeñen. A esa hora, las raíces de las plantas movilizan los azúcarcarbohidratos a las hojas terminales.

Durante las mañanas, cuando el sol comienza a calentar demasiado, las vacas comienzan a buscar sombra y a acostarse a rumear. Luego de la rumia, el animal tiende a ponerse de pie, defecar y orinar, como acto reflejo, lo que ensucia el pasto, que los animales tienden a rechazar después de un día de permanencia en el potrero, por lo que se debe ofrecer un nuevo potrero.

Un bovino se pasa de 6 a 9 horas rumiando, de 5 a 9 horas descansando y bebe agua de 1 a 4 veces por día, tomando en cuenta al animal solo. Pero cuando se encuentran en grupo, tienden a pastar, rumiar o acostarse ten grupos simultáneamente, pareciendo incluso que ciertos animales actúan como indicadores.

Los bovinos reconocen entre 70 y 120 miembros de su especie, cualquier agrupamiento mayor genera problemas cotidianos de jerarquía, que aumentan con la territorialidad y agresividad de la raza y del género, así como con la densidad. En el caso de los terneros, aquellos que estén habituados a estímulos ambientales y al cambio de potrero, se adaptan más rápido al destete y ganan más peso que aquellos criados en medios aislados y sin cambios. Es recomendable construir un módulo para becerros con pequeños potreros; respetarán la cerca electrificada, toda su vida.

Cuando un rebaño está formado por más de 120 vacas, al dividirlo en dos, aumenta la producción entre un 10 y un 20 %, pareciendo ser el límite de 70 animales. Las vacas en el primer tercio de producción lechera, conformaría el primer lote y el resto, o seguidoras, el segundo lote. Un tercer lote estaría conformado por las vacas secas y novillas preñadas, por ejemplo.

Todas las vacas de un grupo tienen la tendencia de pastar, rumiar o echarse simultáneamente, en atención a una definida jerarquía social, que solo después de consolidada es capaz de traer tranquilidad al grupo de animales.

La ganancia de peso de animales altamente estresados es un 40 % menor al de sus compañeros poco estresados. Esta diferencia de estrés se produce por causas genéticas y de manejo. En los días de altas temperaturas, el tiempo de pastoreo diurno disminuye y el nocturno aumenta, debido al descenso de la temperatura y el ruido; es recomendable, por tanto ofrecer el nuevo potrero, después del ordeño vespertino. En los días y las horas de calor intenso, los vacunos se quedan por varios minutos casi inmóviles y solo se deciden a caminar para tomar agua; Las vacas lecheras se rehúsan a pastar en las horas más calurosas del día aunque tengan a disposición pasto abundante, prefieren quedarse bajo los árboles.

Los vacunos distribuyen bien el tiempo entre pastoreo, rumia, descanso y vagabundeo; En eso son disciplinados. Cuando no logran ingerir, en un tiempo aproximado de 8 horas de pastoreo, las cantidades de masa verde capaces de cubrir sus requerimientos nutricionales, no prolongan la jornada de pastoreo.

. La frecuencia del cambio de potreros estimula el apetito del animal, así como la oferta permanente del pasto, de manera que debe planificarse para que los animales permanezcan el tiempo requerido en los potreros, comerán más y excretaran mayor cantidad en los mismos, para beneficio de la fertilidad del suelo.

La altura del pasto es importante. Los animales prefieren pastos largos que cortos, ya que se requiere el mismo esfuerzo para obtenerlos pero los largos les proporcionan mayor cantidad de energía. En bovinos se ha observado una mayor preferencia por ensilado entero que picado (Duckworth y Shirlaw, 1958), lo que se explica debido a que las partículas más grandes son más valiosas energéticamente que las pequeñas. Sin embargo, los pastos de bajo porte, tienen el mayor porcentaje de la masa verde concentrado en las hojas con relación a los tallos. Cuando tienen a la disposición pastos tiernos y nutritivos los comen con avidez.

Los bovinos buscan el pasto encharcado por la orina fresca de sus compañeros de grupo, pero manifiesta repugnancia a las plantas contaminadas con orina vieja o fermentada, todo lo cual hace pertinente el cambio de potrero, frecuentemente.

El plan de pastoreo deberá ser realizado de modo que los animales no sean obligados a comer más de que 2/3 de la oferta de masa verde en el momento de ingreso en el potrero. Ese privilegio se les concede a los animales con exigencias nutricionales más elevadas como las vacas en producción de leche.

La rumia es el momento de más tranquilidad para el animal; las vacas lecheras saciadas tienen la tendencia de dormitar mientras rumian echadas.

Los vacunos echados, cuando son instados a

desplazase, se levantan y tienden a defecar instintivamente. Como no interesa que defequen en los callejones y en la sala de ordeño o en el abrevadero, se espera de 5 a 10 minutos junto a ellos y más de la mitad del lote defecará antes de abandonar el potrero pastado y hará la fertilización en el lugar correcto.

Un artificio eficaz es que los camperos emitan sonidos estimulantes, tales como batidas de palmas, simulaciones de mugidos o conversas y Los animales responderán con obsequiosos bosteos.

Tamaño de los lotes de animales en Ganadería Regenerativa Eficiente.

En ganado lechero, se ha observado lotes de 120 vacas en lactación sin ninguna tensión extrema aparente, con cambio diario de potrero. En casos de hatos grandes, el lote de vacas en lactación estará dividido en dos grupos: vacas de mediana y vacas de alta producción. Cada uno de esos lotes recibirá dos potreros por día. En vacas de carne, se puede trabajar con lotes de 350 cabezas, número que es apropiado tanto para el bienestar de los animales, como para la formación de un lote capaz de ajustarse a una correcta planificación, asignación de las áreas de pastoreo y ocupación racional de la mano de obra operativa. Un Lote más numeroso no es aconsejado. Lo más importante es que el lote sea estable en su composición y tamaño y se eviten alteraciones numéricas frecuentes.

La entrada de nuevos animales en un lote rompe la jerarquía social establecida y recrudecen las agresiones y peleas con efectos negativos en el bienestar. Los terneros destetados que ingresan en Pastoreo Racional pueden construir lotes de 350 hasta 500 cabezas, hasta que sea observada una diferencia de peso entre ellos.

En el caso que haya dentro del lote mayor un grupo de animales pequeños y poco pesados en relación al promedio, estos serán discriminados y agredidos por los 25 más grandes. En consecuencia, no pastarán con tranquilidad, andarán siempre en la cola de los desplazamientos. Llegarán con mucha dificultad a la fuente de agua, se desarrollarán poco, siendo que algunos acaban por morir.

Más importante que la cantidad de animales del lote, que puede ser numeroso, es la uniformidad de tamaño, peso y sexo del grupo. Para novillos de engorde, los lotes no deberán superar las 150 cabezas, un número apropiado para que los animales se conozcan entre ellos, memoricen el status social y no vivan en conflicto dentro del grupo.

En haciendas grandes o en pequeñas, se puede

mantener un lote de novillos en terminación para ventas mensuales.

Respetar el bienestar animal, no sólo es ético, sino que resultará en más eficiencia en los procesos productivos, en mejores resultados económicos y en la mejora de los productos para el consumidor (Paranhos da Costa, 2003).

Todo sistema de pastoreo Racional regenerativo, debe planificar en primer lugar, el bienestar animal.

Estas pautas desaparecen en el sistema de Pastoreo de Ultra Alta Densidad, donde lotes de más de 1000 animales componen un único rebaño en constante movimiento, pero procurando que sea lo más uniforme posible en cuanto a tamaño se refiere.

La biocenosis.

Es el fenómeno de equilibrio constituido por los macro, meso y microorganismos que viven en el suelo, el cual tiene diferentes grados de desarrollo de acuerdo a las agresiones a la que ha sido sometido el suelo tales como: quema, arados, envenenamiento por agro tóxicos como fertilizantes químicos y herbicidas.

En un pastizal manejado regenerativamente bajo este método, holístico y racional, la cantidad de organismos del suelo aumenta progresivamente, hasta alcanzar en pocos años una intensa actividad de biocenosis, denominada "Clímax de la Pradera"; debido principalmente, a unos fertilizadores orgánicos o naturales, los cuales bien manejados, anularán la necesidad de fertilizantes químicos, que, además de producir fuerte dependencia en pastizales, aniquilan la vida del suelo y su fertilidad, exterminando los cultivos.

Los organismos del suelo reciclan los nutrientes mediante un fenómeno denominado Círculo Virtuoso.

desde la época de la conquista, se impusieron tecnologías equivocadas para la agricultura y la ganadería, que no tuvieron en cuenta las condiciones reinantes en el medio tropical, lo que se tradujo en la destrucción paulatina de los recursos naturales y en la disminución de la calidad de vida y empobrecimiento del hombre del campo, (Forero s.f.) Los conquistadores, trajeron tecnologías originadas para las condiciones de la zona templada, donde sus suelos permanecen aproximadamente tres meses congelados y luego otros tres meses en descongelación, que, al entrar la primavera, aran y voltean para insolarlos o calentarlos y sembrar logrando que las semillas germinen. Estas tecnologías equivocadas, incluso actualmente en esos países, que incluyeron labranza con arados y rastrillos y la quema de la vegetación para mantener los potreros y los cultivos limpios, se extrapolaron al medio tropical, donde sus suelos permanecen casi todo el tiempo insolados durante el día, con temperaturas superiores a los 40°C, entre las 10 am y las 4 pm y en presencia de fuertes aguaceros. Los suelos, en ninguna latitud, menos aún en el trópico, no deben voltearse, porque esto extermina la vida del suelo y no beben limpiarse retirando su cobertura vegetal, tanto de especies de piso como de especies arbóreas, porque ésta se requiere para proteger el suelo de las altas temperaturas y el impacto de las fuertes lluvias.

El suelo es un medio natural compuesto de minerales, agua, aire, materiales orgánicos y organismos vivientes, que en el clima tropical, en estado virgen produce una bioestructura grumosa muy favorable para la expansión radicular. Para eso necesita de materia orgánica; como ésta sufre descomposición rápida en clima tropical húmedo, es indispensable su reposición periódica. La pobreza mineral del suelo tropical no constituye una desventaja mientras su bioestructura sea buena, lo que prueba la vegetación exuberante en suelos vírgenes. En la zona tropical ecuatorial, la temperatura, las lluvias y los vientos son muy fuertes, y por esto, la tendencia de la naturaleza ha sido la mantener esta zona con coberturas vegetales densas, como las selvas y los bosques tropicales, para proteger el suelo y su biota del sol, de las lluvias y vientos fuertes. Si se elimina arbustos y árboles, se pierden las barreras rompe vientos y así el viento que está sobre el suelo, se calienta llevándose consigo la humedad proveniente de la transpiración de las plantas y los suelos se secan más rápidamente, haciendo más fuertes las sequías en ausencia de lluvias, Primavesi (2.001). El suelo tropical debe estar protegido con vegetación o cobertura vegetal; como tiene mucha vida no se debe intervenir con labranza; por esto actualmente se está recomendando cada vez más la labranza mínima o la cero labranza. La labranza produce antes de dos horas una nube de gas carbónico contenido en el suelo, que contamina la atmósfera, incrementado el efecto invernadero y haciendo infértil el suelo.

Fertilizadores orgánicos en el PRV.

El suelo en los pastizales permanentes posee la mayor acumulación de materia orgánica en los primeros 15 cm de profundidad, que proviene fundamentalmente de la hojarasca de la cubierta vegetal y de las raíces de las plantas que mueren y rejuvenecen (Liu 2006). En esta capa más superficial es donde existe mayor población y actividad biológica del suelo, poblaciones que interactúan en la actividad descomposición de la materia orgánica y la transferencia de energía, donde se produce, en mayor cuantía, el reciclaje interno de los nutrientes en estos ecosistemas (Cabrera et al. 2011). Estos fertilizadores orgánicos o naturales son: Heces, orina y saliva del ganado, árboles, coleópteros (escarabajos coprófagos), himenópteros, como abejas avispas y hormigas, miriápodos, anélidos (lombrices), y microorganismos tales como líquenes, actinomicetos, bacterias y hongos, que constituyen la biocenosis en el del suelo, en constante interrelación con las plantas.

Una combinación de gramíneas, forrajes leguminosos y los siguientes fertilizadores orgánicos vivientes, son la asociación perfecta para eliminar también la dependencia de balanceados comerciales, silos, heno y de muchos medicamentos y hormonas, puesto que el ganado tendrá mejor nutrición y salud, por tanto un sistema inmunológico más potente.

Fertilizador número 1: Heces y orina del ganado.

Los rumiantes como el bovino, búfalo, ovinos caprinos y otros, no se alimentan del pasto propiamente; si lo hacen del producto elaborado por los micro organismos que viven en sus estómagos, que producen un fermento rico en proteína bacteriana, que es asimilada en el intestino delgado. Por el rápido pasaje de la ingesta, este caldo rico en microorganismos beneficiosos forman parte de las heces que son incorporadas al suelo por coleópteros, anélidos, himenópteros y demás microorganismos que habitan en el mismo, como su fuente alimenticia, procesándolo aceleradamente. Las excretas de los rumiantes son un valioso producto y no un desecho (Hernández J. 2011)

Buena parte del dinero empleado en producir un kilo de leche, se va a través de las excretas. En el caso del Nitrógeno el 20 % va al animal, el 20 % para la leche como proteína y el 60 % va a las excretas, en el caso del Fosforo, el 13 % va al animal, el 27 % a la leche y el 60 % a las excretas y en el caso del Potasio, el 12 % va al animal, 13 % a la leche y el 75 % a las excretas; éstas, tienen un gran valor como abono.

Con el Pastoreo Racional Eficiente, el uso de pequeños potreros y altas cargas instantáneas, se puede lograr abonamiento procedente del pastoreo, de hasta 30 tm/año/ha. Desde el punto de vista económico, se debe valorar, el costo que tendría la adquisición de esas 30 toneladas, de abono orgánico y además pagar para que las repartieran por toda la finca.

En el sistema propuesto, el ganado pastorea y excreta en el

reducido espacio del potrero durante un día por cada hectárea, lo siguiente: un bovino produce en promedio, 10 defecaciones diariamente, que cubren un área de unos 2 m^2, así como ocho micciones, que cubren 3.8 m^2 (Rodríguez et al. 2005). Hay marcadas diferencias en el contenido de nutrientes en ambos tipos de excreciones. Así, aproximadamente la mitad del N eliminado por los animales se produce por la orina y el resto, por las excretas. (Sánchez et al. 2008). Casi todo el N en la orina se presenta como urea, que se comporta justamente como la urea comercial, la cual, suele experimentar algunas pérdidas por volatilización (Bolan et al. 2004). Un bovino adulto de 500 kg o su equivalente en UA, excreta diariamente 24 kg de heces y 14 litros de orina, que suman 38 kg en total, lo cual en un año mediante 6 u 8 rotaciones o pastoreos, unas 200 UA habrán depositado cerca de 30 toneladas de fertilizante orgánico por cada ha, que es el equivalente en las formulaciones químicas comerciales (N P K) a: 348 kg de nitrógeno, 199 kg de superfosfato simple y 227 kg de cloruro de potasio (Melado J. 2007) de una forma muy eficiente o gratuita, que son procesadas e incorporadas al suelo por macro meso y microorganismos que viven en el mismo.

----------------------------------Kg / Ton ------------------------

	N	P	K	Ca	Mg
Ganado Lechero	5.6	1	5	2.8	1.1
Ganado de Carne	7.0	2	4.5	1.2	1
Cerdos	5.6	1.4	3.8	5.7	0.8
Pollos	17	8.1	12.5	-	-

Fuente: Mendoza, 1997. Tomado de Pritchett (1986)

Nutrientes de las excretas bovinas comparadas con otras especies.

Una de las consecuencias obvias de los animales en el pastizal, es el valor añadido que ellos proporcionan, debido a que el contenido de nutrientes en el pasto ingerido se transporta de una a otra área. La mayoría de los estimados indican que, solo 25, 20 y 15 % del N, P y K, respectivamente, contenidos en el pasto, se retiene por parte del animal, que lo utiliza en sus diferentes eventos metabólicos. Esto significa que, como valor aproximado, 75, 80 y 85 % de N, P y K, respectivamente, pasa a través del animal y se excreta en las heces y la orina. Por lo tanto, la mayoría de los nutrientes ingeridos se reciclan muchas veces en los ecosistemas de pastizales (Rodríguez et al. 2005).

Fertilizador número 2: Los árboles.

Los árboles constituyen una excelente bomba fertilizadora a doble vía puesto que extraen o bombean nutrientes desde las capas más profundas del suelo, hasta la superficie en forma de hojas, ramas y frutos, que son descompuestas por la macro, meso y micro fauna del suelo, incorporándolo al mismo, en un reciclaje permanente; mientras la raíz del pasto tiene 0.2 a 1.5 metros, los árboles tienen raíces aproximadamente iguales a su altura. Significa que bajan entre 10 y 20 m de profundidad, reciclando diversidad de nutrientes del suelo (Cu, Zn, Mg, Mb, Co y otros 40 elementos)

Cuando se trata de árboles leguminosos, estos, además, bombean hacia el suelo, fijando el nitrógeno atmosférico, mediante asociaciones simbióticas en las células de los rizomas de sus raíces enriqueciendo aún más su fertilidad.

Diez árboles leguminosos maderables, fructíferos y frondosos detallados más adelante, logran captar y fijar aproximadamente 100 kg de N ha/año. Se recomienda plantar mínimo 25 árboles leguminosos por ha (distancia de 20 x 20 m, idealmente 100 árboles por ha (distancia de 10 x 10 m (1 árbol cada 10 m), Todas las gramíneas necesitan fósforo y también nitrógeno, el cual, en este mundo, escaso de energía, debería ser fijado desde el aire y a bajo costo, por las raíces de las leguminosas nativas o introducidas, mediante simbiosis con bacterias del género *Rizobium*. El aire que respiramos contiene 79 % de nitrógeno. En el caso de pasturas asociadas con leguminosas herbáceas, arbustivas o arbóreas, estas pueden fijar entre 50 a 900 kg/ha/año de nitrógeno (Hamdi, 1985), sin requerir, de su aplicación como fertilizante sintético a las praderas. Si se aplica una alta fertilización nitrogenada, las leguminosas tienden a desaparecer (Botero, 2012)

Los sistemas silvopastoriles de alta densidad soportan como máximo 400 árboles por ha (1 árbol cada 5 m). Se deben usar para esto, árboles que permitan que el sol penetre hasta el suelo, filtrando los rayos solares para evitar la radiación directa. De esta forma se logra máxima fotosíntesis, y con ello el ecosistema del suelo será más vivo, los suelos estarán más fértiles y productivos; esto permitirá que el terreno en tan favorables condiciones de equilibrio natural logre soportar a plenitud y con estabilidad su mayor carga de animales.

Los estudios realizados en ecosistemas de pastizales en Cuba indicaron que la tasa de descomposición de la hojarasca muestra marcadas variaciones entre las especies de pastos, y es más rápida en las leguminosas que en las gramíneas (Crespo, 2013).

Se ha encontrado mayor cantidad de proteínas y de biomasa en las forrajeras bajo la sombra de estos árboles; el microclima bajo los árboles es más favorable para el crecimiento de los organismos del suelo (Peso y Ibrahim 1998) Las lombrices, bacterias y hongos nitrificantes del suelo, no sobreviven a la inclemencia de los rayos solares que además secan el pastizal por evaporación del agua de los mismos, eliminando gran parte de la biota haciendo los suelos cada vez más infértiles, causando desertización.

Las gramíneas poseen en sus espacios celulares entre las raíces las micorrizas que ayudan en la absorción de fosforo en suelos con bajos tenores de ese elemento, pues aumentan el volumen de raíces que exploran el suelo en busca de nutrientes.

El acolchado de los suelos es una práctica que consiste en dejar recuperar, madurar o semillar el pasto en aquellos potreros de inferior condición dentro de una rotación, para luego guadañarlo totalmente y dejarlo en el suelo; esa cubierta vegetal superficial, estimula la retención de agua y la biocenosis o desarrollo de la vida del suelo, así como el crecimiento de bacterias aeróbicas (Pseudomonas, Azotobacter, Azospirilium y otras citófagas), que como organismos autótrofos (fabrican su propio alimento), fijan una inmensa cantidad de nitrógeno atmosférico en sus tejidos, que al morir lo incorporan al suelo.

La disposición y procesamiento de las excretas en un sistema silvopastoril comparado con el mismo efecto encontrado en un sistema de pastoreo sin árboles, encontraron que en el sistema silvopastoril se presentó una rápida descomposición de las bostas de bovinos, con una pérdida de 94 % de su peso pasadas las 168 horas de haber sido excretadas; en el sistema sin árboles sólo habían perdido alrededor del 40 % a las 168 horas. En el sistema silvopastoril, se encontró mayor número de individuos por m^2 de la fauna del suelo con respecto al tratamiento control, lo cual influyó positivamente en la velocidad de descomposición de la excreta. Se observó una disminución rápida en el conteo fecal de huevos de parásitos del ganado y una reducción en el porcentaje de infestación de las excretas en el sistema silvopastoril, el cual fue del 100 % a los siete días de haber sido depositados; en el pastizal sin árboles, fue del 85 %.

La mayor presencia de coleópteros en el sistema silvopastoril se relacionó positivamente con la velocidad de descomposición y con la reducción del porcentaje de infestación de las excretas (Núñez y Espinosa 1998)

Fertilizador número 3: El Escarabajo.

El escarabajo estercolero es un coleóptero que se alimenta de la bosta del ganado, haciendo pequeños bolos o pelotas (escarabajo peloteros) que entierra en las cercanías, a través de múltiples galerías que se comunican sin dañar las raicillas, así como los que escarban directamente debajo de las heces (escarabajo subsolador) otras especies hacen galerías dentro de la bosta, donde anidan. . Evitan que el nitrógeno de las excretas se evapore; hace su trabajo entre 2 y 3 días después que el rumiante excreta. Este sistema de galerías, similar al construido por las termitas, aumenta la permeabilidad del suelo y la capacidad de absorción de agua y aireación, mejorando su estructura; aceleran la fijación de minerales, y el flujo de fijación de Nitrógeno, Fosforo y Potasio. Además de la función de fertilizador, controla plagas tales como la mosca y parásitos gastrointestinales del ganado, porque se alimenta de sus huevos depositados en la bosta y de sus larvas (Saueressig, 2003). Este control integrado de parásitos se complementa debido al corto tiempo de permanencia del ganado en el potrero bajo el sistema PRV, reduce el tiempo de exposición, rompiendo el ciclo de vida de los parásitos. Existen más de 14.000 especies de escarabajos que actúan inmediatamente, sobre la bosta recién excretada (Pinheiro 2004) Se reproducen introduciendo sus huevos sobre la pelota de estiércol que llevan a sus galerías, para que sus larvas se alimenten de ella.

Estos coleópteros coprófagos entierran más de 15 toneladas de bosta por ha al año, en sistemas silvopastoriles. Cumplen una función de limpieza del pasto manchado con las heces del ganado, el cual tiende a rechazar las áreas manchadas o contaminadas por heces. Su presencia y cantidad es un macro indicador de la calidad de la biocenosis.

El escarabajo ha cobrado tanta importancia, que en Australia, país con severa crisis de sequía en los últimos años, han surgido criadores privados de escarabajos, que venden a los ganaderos. La especie Bubas bubalus europea ha resultado la más eficiente, para Australia.

La especie más prolífica y eficiente encontrada, cuya hembra puede producir más de 20 descendientes por mes, es la

Entomophagus gazella; fue introducida también en Brasil en 1980, como parte de un programa integrado de control de parásitos helmintos gastrointestinales y la mosca de los cuernos (Hematobia irritans)

La bosta y orina proveniente de animales tratados con Invermectina, doramectina, abamectinas, epinormectina, piretroides sintéticos y demás derivados de las lactonas macro cíclicas son tóxicas para los escarabajos lombrices y microbios beneficiosos del suelo, aniquilando su población del pastizal y haciéndolo menos fértil el suelo (Pinheiro 2004)

Algunos fabricantes de esos compuestos están colocando la palabra ecológica en sus etiquetas, para dar a entender que no es tóxica para el escarabajo adulto. Pero Las larvas del escarabajo no pueden ni siquiera usarlo para su nutrición, por ende, buscan comer alimento soluble, y por eso, como salen de sus nidos en el subsuelo, lo primero y casi único que encuentran comestible son las raíces, en consecuencia, se vuelven una "plaga" (sin serlo).

Fertilizador número 4. La lombriz.

La lombriz es un anélido capaz de comer su propio peso diariamente, que excreta, transformado en humus; se alimenta de materia orgánica proveniente de bosta del ganado, pasto desperdiciado o pisoteado, hojas, ramas y frutos descompuestos y microorganismos muertos, transformando la materia orgánica en humus, completo y complejo alimento que nutre al pasto y demás plantas;. Son un macro indicador de la actividad biótica del suelo o Biocenosis; pueden presentarse una a seis especies en una comunidad de lombrices en el suelo. Las grandes galerías verticales hechas por las lombrices aneicas (Shuber et al, 1997) facilitan el flujo del agua a través del perfil del suelo incrementando el transporte de nutrientes y otros compuestos, mientras que las epigeas, facilitan la captura y minerilización de los desechos superficiales; las aneicas incorporan desechos superficiales a las capas profundas del perfil así como transporte de suelo de las capas profundas hasta la superficie, lo cual, al pasar el tiempo, puede cambiar positivamente la mineralogía de la superficie.

Las lombrices pueden excretar hasta 120 ton de humus/ha/año y subir a la superficie 90 ton/ha/año, aumentando el volumen de los poros y la capacidad de absorber aire en el suelo hasta un 100 % produciendo un "efecto esponjoso" en el mismo (Pinheiro L 2004) Las excretas de las lombrices contienen elevadas cantidades de nitrógeno. La introducción de lombrices en los pastizales puede hacerse suministrando humus al voleo y lixiviado de las mismas que contiene larvas y huevos.

Igual que los escarabajos, son sensibles a los fertilizantes químicos los organofosforados, y todos los compuestos que produzcan acidez. Las lombrices no están presentes en suelos muy ácidos y en donde haya suelos de baja calidad; comienzan a aparecer después de unos años de pastoreo.

En una investigación realizada en Perú, (Sánchez y Ara (1989) encontraron que en un sistema de manejo de Brachiaria decumbens, asociada con Desmodium ovalifolium, después de seis años de pastoreo, la población de organismos en el suelo aumentó. Estos autores encontraron que la fauna de invertebrados aumentó de 194 a 346 individuos/m^2, cuando se aplicó un sistema de pastoreo rotacional durante cuatro años consecutivos, y el suelo se auto fertilizó con las deyecciones de los animales y el aporte de la hojarasca. Este resultado mejoró cuando se introdujeron en estas áreas, leguminosas arbóreas, que posibilitaron un microclima adecuado que favoreció una mayor colonización de individuos pertenecientes a la macro fauna, en especial, la presencia de órdenes de gran importancia económica y ecológica, como las lombrices de tierra y los coleópteros (Sánchez y Milera 2002).

La tendencia moderna es la producción de humus en las

fincas, con el estiércol de los corrales, con el cultivo de la roja californiana (Eisenia foétida), evitando la contaminación. Posteriormente puede incorporarse al pastizal, mecánicamente al voleo, o por medio de un sistema ventury en sistemas de riego. Los excedentes pueden ser vendidos en el mercado,   y proporcionando una fuente extra de ingresos.

Fertilizador número 5: El efecto saliva.

La saliva de los bovinos, que es producida en grandes cantidades (150 l/día) contiene sustancias que potencian el rebrote hasta en un 44 %, principalmente la Tiamina (vitamina B_1), en concentraciones de 0,01 ppm, Riboflavina (vitaminaB_2), nicotinamida y urea, la cual se elimina también por orina, proceso hepático conocido como el Ciclo de la Urea (boletín INEA No, 148) Este efecto es mayor cuando los animales pastorean a fondo el potrero, debido a una mayor salivación para comerlo; por tanto, es aconsejable que un potrero cosechado para henificación o silaje, sea inmediatamente pastoreado a fondo para, por una parte, aprovechar el pasto remanente y por otra, aprovechar el efecto saliva y bosteo (Pinheiro 2004).

Un remanente de pasto de 30 cm hará que el rebrote ocurra

desde las pocas yemas aéreas del tallo de esos 30 cm; pero cuando se pastorea a ras (3 a 5 cm) además de una mayor impregnación de saliva, se obliga a la planta a rebrotar vigorosa y profusamente, desde decenas de yemas radiculares, obteniéndose una mayor cantidad de tallos y cobertura, en todas las especies de gramíneas en todas las latitudes.

Fertilizador número 6: Las termitas.

Las termitas viven en los bosques tropicales de tierras bajas y sabanas. Muchas especies construyen colonias en forma de montículos y otras muchas son arbóreas. Las termitas que construyen montículos remueven grandes cantidades de tierra en los suelos duros y poco fértiles, con lo que contribuyen a la aparición de pequeñas plantas que pueden alcanzar el tamaño de arbustos y pequeños árboles.

Con una o varias reinas, las termitas por sí mismas no son capaces de digerir la celulosa, pero pueden aprovechar sus nutrientes gracias a la degradación de celulosa que realizan protozoos que viven en simbiosis dentro del aparato digestivo de las obreras.

Producen islas de fertilidad, frenando el avance de los desiertos y otras facultades más. Para construir sus nidos, remueven grandes cantidades de tierra importando del subsuelo, partículas comunes que utilizan para promover la infiltración de agua. Mezclan partículas inorgánicas de arena y barro con materia orgánica de las hojas que permite al suelo retener los nutrientes y resistir a la erosión. Así, la vegetación que crece sobre los montículos que dejan las termitas, sobrevive con una fracción del agua de lluvia que de otro modo necesitaría para subsistir y puede volver a resurgir incluso tras una sequía devastadora. Las condiciones de la vegetación que crece sobre los montículos son muy distintas a las que crecen fuera de él.

En sus nidos existen grandes niveles de nutrientes principalmente fósforo y nitrógeno; por eso, la remoción de tierra tiene un impacto directo o indirecto en los ecosistemas alejados del nido.

En el caso de la sabana, las termitas tienen una enorme influencia y son vitales para el funcionamiento de su ecosistema. También contribuyen a detener la erosión por medio de sus heces pegajosas y otros desechos corporales que le dan cuerpo y estructura al suelo. En los suelos semiáridos, es donde producen una diferencia marcada; mejoraron la descomposición y mineralización de los rastrojos, liberando nutrientes e incrementando su disponibilidad para las plantas. Se conocen unas 3.000 especies.

Fertilizador número 7. Hongos y bacterias:

Los microorganismos también son importantes para la productividad vegetal, son las biotas más abundantes de los suelos y a ellos incumbe la regulación de los ciclos de la materia orgánica y los nutrientes, la fertilidad, restablecimiento de los suelos y las buenas condiciones para el crecimiento de las plantas. Más de 90 % de las plantas del mundo desarrollan una asociación simbiótica con uno de los 6 tipos de micorrizas, un hongo que actúa como extensión natural del sistema radicular de la planta. Esta asociación aumenta la capacidad de las plantas de absorber los nutrimentos, las protege contra los patógenos, y aumenta su tolerancia contra los agentes contaminantes y las condiciones adversas del suelo, tales como el estrés hídrico, el bajo pH y la alta temperatura del mismo. La función de los seis géneros de la familia de bacterias *Rhizobiaceae* en la producción de leguminosas está bien documentada.

También se utilizan mucho en las regiones tropicales, sobre todo en Brasil y México, la asociación de bacterias diazotróficas y endófitas que no sólo fijan el nitrógeno de la atmósfera sino que modifican la forma e incrementan el número de pelos radiculares, ayudando así a las plantas a absorber más elementos nutritivos. La aplicación de estos organismos en inoculantes (sobre todo en el maíz, arroz, trigo y caña de azúcar) ha incrementado la producción agrícola desde niveles insignificantes hasta casi el 100 %.

Las bacterias son organismos unicelulares simples que comienzan el proceso de descomposición de los residuos vegetales y animales al empezar a disolverlos. Ellos convierten la energía de la materia orgánica en formas útiles para el resto de los organismos en el suelo. Algunas bacterias acumulan nitrógeno en las raíces de las plantas, para que esté disponible para el crecimiento; algunas se alimentan de otros organismos del suelo, mantienen los nutrientes en la zona radicular de la planta y filtran y degradan contaminantes. El suelo fértil, transmuta contaminantes tales como conservantes de madera, pesticidas, y ambos hidrocarburos clorados y no clorados. Al aumentar la temperatura, como sucede al acercarse a la región tropical, la actividad microbiana aumenta más rápidamente que la actividad fotosintética de las plantas. En casos extremos, como ocurre en algunos suelos tropicales de selva, prácticamente todo el N del sistema suelo-planta está formando parte de tejidos vivos, ya que los restos frescos que caen sobre la superficie sufren una rápida transformación. Como resultado, estos suelos acumulan poca materia orgánica. Por otra parte, al aumentar la humedad de los suelos, aumenta la velocidad de crecimiento vegetal, y con esto la tasa de producción de materia seca. Por esto, cuando se compara el contenido de N del suelo de las distintas regiones, se observa que el aumento de los niveles hídricos del suelo se corresponde con un aumento del contenido de N total del suelo. En condiciones de exceso de humedad (suelos inundados) disminuye más la actividad microbiológica que la velocidad de producción de material vegetal. Una situación extrema se da en suelos permanentemente inundados, donde la descomposición de los restos frescos se ve muy reducida, produciendo lo que se conoce como suelos de turba. El tipo de vegetación también influye; el contenido de N total del suelo es mayor en suelos desarrollados bajo praderas que en aquellos desarrollados bajo bosque. Esto se debe a que bajo vegetación de bosque los restos vegetales son depositados en su mayoría en la superficie del suelo. En cambio, en los suelos desarrollados bajo pradera una proporción importante de la materia vegetal está formada por raíces, que cuando mueren permanecen y son descompuestas dentro del suelo. A su vez, en los suelos de pradera la mayor parte de las raíces se encuentran en los primeros centímetros del suelo.

Todos los macro y microorganismos descritos complementan la trasmutación de los elementos, la biocenosis y trofobiosis, mineralizando y humificando el suelo.

Fertilizador número 8. La atmósfera y la lluvia.

la lluvia precipita entre 20 y30 kg/ha/año de N (Malavolta, 1979; Primavesi A., 1990).Las principales formas de N aportadas por las precipitaciones son NH_3, NO_3, NO_2, N_2O. La mayor parte de estos compuestos de N son producidos en el suelo, pasan a la atmósfera por procesos como volatilización y desnitrificación, y vuelven a caer con la lluvia en sitios cercanos a su lugar de origen. Parte del NO_3 - que vuelve con la lluvia es producido por descargas eléctricas que ocurren en la atmósfera. Sin embargo, en términos globales la mayoría del N que vuelve al suelo con las lluvias proviene del N liberado durante la quema de combustibles fósiles y bosques, y en menor medida de la actividad volcánica (Lewis, 1993). Esto explica la tendencia creciente en las cantidades de N aportadas por este mecanismo en años recientes.

Fertilizador número 9. Las raíces.

La fitomasa de raíces de los pastos constituye otra fuente importante de nutrientes que reciclan en el pastizal, sobre todo en los primeros 10 cm del suelo (Crespo y Lazo (2001) el sistema de raíces en pastizales ha contribuido al ecosistema, con aportes entre 19 y 33 kg N/ha, de 3 a 5 kg P/ha y de 1-2 kg K/ha anualmente.

Nutrientes aportados por los fertilizadores orgánicos en kg/ha/año.

Fertilizador	N	p	K
Bosta y orina	348	199	227
Árboles	100		
Leguminosas	40-150		
Escarabajos entierran 15 t/bosta Ha/año	250	100	60
Lombrices excretan120 t/ha/año suben 90 t/detritus/ha/año meteorizan 5 t/suelo/ha/año			
Saliva	60	5	2
Atmosfera y Lluvia	23-	3-5	1-2

	30		
<<<<<hongos y bacterias			
Termitas			
Raíces	19-33	5	2

El autor no encontró literatura respecto a las otras cantidades de fosforo y potasio producidos por árboles y lombrices, los cuales son producidos en cantidades variables, en dependencia de la especie y el clima.

Las condiciones de porosidad dadas al suelo por los organismos mencionados y la presencia de materia orgánica, ayudan al suelo a retener agua en el mismo; 1 kg de materia orgánica es capaz de retener 13 litros de agua, condición que ayuda al suelo a soportar mejor la sequía con menos daños a las plantas, las cuales tienden a detener su crecimiento y producción de nutrientes en suelos maltratados, intoxicados y por tanto carentes de suficiente materia orgánica. La bioestructura del suelo está dada por su aireación interna, porosidad, permeabilidad, drenaje interno, y capacidad de retención de agua, que está a su vez determinada por la cantidad y calidad de la materia orgánica.

El suelo tiene que estar bien aireado. Cuanto menos aire haya en el suelo, menor será la cosecha (Primavesi A. 2001)

Humidificación, Mineralización, y el Círculo Virtuoso.

La fertilidad del suelo mejorará progresivamente en el manejo del sistema silvopastoril de forma natural, por el efecto de la bosta, orina, que producen las altas cargas instantáneas de animales en reducido espacio, desechos orgánicos procedentes del pasto pisoteado, la hojarasca y ramas de árboles y de millones de macro meso y microorganismos muertos, tomados por los organismos vivos del suelo, como se ha explicado, produciendo una Humificación y mineralización del mismo, incluyendo organismos en descomposición como escarabajos, lombrices, hormigas, termitas, y millones de bacterias, hongos y demás asociaciones simbióticas. Este proceso de reciclaje permanente hace que el pastizal y el suelo mejoren permanentemente haciendo las pasturas perennes, es lo que se denomina "Círculo Virtuoso".

Estos depósitos de materia orgánica van mejorando la masa o densidad y calidad del pasto, debido a una mayor biocenosis o retroalimentación del suelo, aunado a un aumento de la arborización de los potreros. Toda la bosta y orina comienza a incorporarse inmediatamente, al suelo después del pastoreo, y al cabo de 4 a 5 años se obtiene lo que se denomina el Clímax de Pradera, una estructura propia de praderas con alto contenido de materia orgánica, el cual, se alcanza más rápido en los módulos bajo riego por aspersión, debido a la humedad en el suelo.

En suelos arcillosos este clímax es más difícil de lograr, el suelo con el tiempo mejorará sensiblemente, debido al ciclo del gas etileno.

Un importante hallazgo es el realizado por el investigador Luis Carlos Pinheiro en su hacienda "Alegría" en Brasil, tras mediciones periódicas de la fertilidad del suelo, durante 38 años continuos bajo PRV, se evidenció un aumento continuo de la fertilidad, apareciendo un aumento en los elementos del suelo, que antes no estaban, en algunos casos del 300 %, (Pinheiro L. 2008) lo que coincide con el planteamiento del químico Cornetín Louis Kervran, sobre la trasmutación de los elementos a baja temperatura y energía. Quien argumentó que es absurdo pretender explicar la complejidad biológica en términos de bioquímica, como lo es pensar que las leyes físicas aplican por igual a todos los seres vivos como a la materia inanimada. Demostró que por ejemplo, la trasmutación del silicio en calcio, se debe a un conjunto de especies diferentes de actinomycetes de la familia de las

Streptomyces; así sucede con otros elementos.

Es cierto que con 6 UA/Ha (3.000 Kg de peso vivo) se logra el efecto de fertilidad que el suelo necesita para mantenerse productivo y con alto rendimiento en el largo plazo. De hecho, la reglamentación internacional para la práctica de la Agricultura Orgánica, Certificable, determina que esta carga, sea de máximo, 5 unidades animales, debido a que por arriba de esta carga se genera exceso de nitrógeno en el suelo y tras ello, un alto riesgo de contaminación de los cuerpos de agua.

Miles de proyectos de pastoreo racional en el mundo, hoy, ratifican la efectividad de la carga animal incluso desde 2 UGM/Ha (apenas 1.000 kg/Ha) en adelante, para hacer de un suelo ganadero, un suelo altamente productivo.

Ciclo de compactación y descompactación del suelo en PRV.

Donde pisa un rebaño de ganado por un día o dos, existe compactación del suelo; es cierto, pero este proceso se revierte en las siguientes dos semanas debido principalmente al ciclo del gas etileno. Mediante el cual se procesan todos los desechos que caen al suelo de forma aeróbico/anaeróbico puesto que sus organismos vivos antes descritos, construyen micro galerías o capilares cuando suben y bajan en búsqueda de alimentos, por donde circulará el oxígeno y el agua, de manera que después de cada pastoreo, a mayor cantidad y concentración de material orgánico (heces, orina, pasto desperdiciado y hojarasca) , mayor movilización de los organismos del suelo, por tanto, mayor porosidad y capilaridad. Este fenómeno es lo que se conoce como oxigenación y des compactación de los suelos ganaderos, produciendo a su vez, minerales para el pastizal fenómeno conocido como mineralización.

El gas Etileno solo puede ser producido por bacterias anaeróbicas, (las que viven sin oxígeno) En el momento que el suelo se compacta, este gas además de ser responsable de muchas funciones de las plantas, hace que las sales férricas y fosfatos que están en formas insolubles se vuelvan solubles y estimula a las arcillas a que liberen nutrientes al sistema coloidal para ser asimilados por las plantas. El etileno hace fértil al suelo, naturalmente. Por otra parte, como se señaló antes, el tránsito de los coleópteros, anélidos, heminópteros y otros organismos, mantienen el efecto esponjoso y aireado del suelo.

En el PRV se manejan tiempos de pastoreo de 1 a 2 días por cada potrero, seguido por tiempos de reposo amplios, alrededor de 30 a 60 días (de 28 a 30 días bajo riego por aspersión en dependencia del tipo de pasto) tiempo suficiente para que ocurra la descompactación natural. El proceso ocurre cada vez que se pastorea el potrero. Cada potrero se usa solamente entre 6 y 8 veces al año, durante 1-2 días, 12 veces en el caso de módulos bajo riego, donde la actividad biótica es mayor, debido a la humedad, que acorta el periodo de reposo.

Este ciclo de ausencia y presencia de oxígeno y la actividad biótica antes descrita, es lo que hace que un suelo en uso ganadero no requiera de aportes de nutrientes sintéticos (fertilizantes), ni arados.

La naturaleza del forraje puede también afectar la magnitud del daño por el pisoteo animal. Así, los forrajes que poseen un sistema radicular prolífico en la capa de15 a25 cm de profundidad, pueden soportar mejor el efecto del pisoteo, que aquellos forrajes que no tienen una masa densa de raíces (Petersen et al, 2007). Sin embargo, el pasto en sí, puede ser físicamente afectado por el pisoteo. En este sentido, las especies no rizomatosas y no estoloníferas (género Panicum) pueden ser afectadas en mayor medida que las rizomatosas/estoloníferas (géneros Cynodon y Digitaria).

De hecho, la carga y la duración del tiempo de pastoreo influirán en la magnitud del daño que causa el pisoteo. El manejo para minimizar el daño potencial del pisoteo deberá contemplar el mantener los animales fuera de los campos cuando el suelo está muy húmedo; cuando esto no es posible, situarlos en los campos menos húmedos con una menor carga (Marsh y Campling, 1970)

La trofobiosis.

Los parásitos, desde los insectos hasta los virus, tienen un equipamiento enzimático insuficiente o inexistente (ChaboussouF, 1980). Así que necesitan alimentos solubles, pues no son capaces de "digerir" alimentos complejos, como sucede en otros animales, incluyendo los seres humanos. A partir de este hecho y sobre la base de numerosos estudios, Chaboussou elaboró la teoría de la trofobiosis, según la cual los parásitos sólo atacan a las plantas que están con proteólisis dominante, es decir, con su savia compuesta de sustancias solubles. Como las fertilizadas con fertilizantes químicos solubles. A la inversa, si la savia está en proteosíntesis dominante, es decir, con la savia compuesta de sustancias complejas, las plantas no son atacadas por parásitos, ya que estos, son incapaces de digerir estas sustancias. Es por eso que las gramíneas y leguminosas en silvopastoreo regenerativo racional, sin fertilizantes químicos y pesticidas, no suelen ser atacados por los insectos y otras plagas, y también por eso, es que los productos altamente solubles son tan recomendados por las empresas productoras de los "insumos modernos".

Después del uso de urea, por ejemplo, producto altamente soluble, generalmente se aplica un pesticida "preventivo" para controlar las plagas que se producen de forma inevitable, posteriormente.

No hay que olvidar la ley básica de la ecología "las poblaciones tienen un tamaño de la disponibilidad de alimentos" (Westphalen, 1947). Esta es la forma de crear dependencia, ya que el uso de pesticidas y fertilizantes produce una iatrogenia. En los suelos fértiles y equilibrados, las plantas tienen una resistencia natural al ataque de parásitos.

La mayor dificultad de los convencionales honestos es aceptar la explicación de cómo, sin fertilizantes, hay un aumento de los niveles de P en el suelo, por ejemplo. El hecho incuestionable es, que el silvopastoreo racional (además de otros procesos desconocidos para nosotros, por supuesto), produce una elevación de P (y otros elementos) en suelos con bajos niveles de P. Dado que la función de los microorganismos es equilibrar los diferentes elementos del suelo; también puede ocurrir, una reducción en la concentración de algún otro elemento que está en exceso. (Pinheiro L)

En el campo de la física nuclear la investigación convencional se ha orientado hacia la construcción de reactores capaces de provocar una transmutación para la producción de material radiactivo a través del uso de enormes cantidades de energía, a menudo de fuentes no renovables. Kervran (1970). En los años 50 a 70 del siglo pasado, este físico químico, a través de varios miles de análisis y de verificaciones en la naturaleza tales como formación de dolomita en medio de piedra caliza; formación de silicio por diatomeas en lagos donde no existe Sílice; y muchos otros, como la mayor cantidad de calcio en el huevo que no tenía quien lo generara, propuso la teoría de la transmutación de los elementos con baja energía, a través de la acción de enzimas biológicas y bacterias. Louis Kervran propuso el paso de un elemento a otro, a nivel del núcleo de los átomos, de las partículas de H, O, C, en la formación de nuevos elementos mediante reacciones subatómicas, que no pertenecen a la química, ya que estamos en un estado ulterior, molecular, y no de física nuclear, pues hay una nueva propiedad de la materia, aún no identificado".

Kervran explica la Transmutación por la equivalencia de las masas atómicas de los elementos, provocada por la acción biológica - enzimática y bacteriana. Por cierto, también, la investigación y la difusión de este fascinante tema no son de interés para las multinacionales de ciencias convencionales que producen y venden insumos.

Es bien conocido que muchos bosques son un aliado para mitigar el cambio climático, ya que pueden retirar CO_2 de la atmósfera. Actúan como sumideros naturales de este gas causante del calentamiento global, al almacenar carbono de forma visible en su biomasa (madera de los árboles en crecimiento). Varios estudios han descubierto la misma capacidad en los suelos cubiertos por pastizales, en un depósito invisible de CO_2,el cual es un proceso importante para mitigar efectos del cambio climático, ya que el suelo, además de ser un sumidero, es un reservorio de carbono estabilizado (Arnalds, 2004; Etchevers et al., 2006)

A nivel mundial hay cerca de 120 millones de productores que poseen más de 5.000 millones de ha de pastizales que almacenan más del 30 % del carbono del suelo de todo el planeta.

La gestión mejorada de los pastizales tiene un potencial geofísico para secuestrar 2.000 millones de toneladas de carbono hasta 2030.

En los ecosistemas de pastizales, la mayor parte del carbono se almacena en el suelo, de modo que la secuestración del carbono del suelo es el principal potencial. La presencia de arbustos y árboles hace una gran contribución a las reservas totales de carbono.

Como el Pastoreo Regenerativo Racional, disminuye las enfermedades.

La reducción de patógenos depende del periodo de descanso entre dos ocupaciones. La regla para los patógenos es que con varios períodos sin anfitrión, se reduce significativamente la carga patogénica. Los patógenos de todo tipo, víricos, parasitarios, bacterianos, y otros proliferan bajo ciertas condiciones, en este orden de importancia: 1. Disponibilidad de anfitrión; 2. Humedad; 3. Oscuridad; 4. Calor; 5. Descomposición estancada. Analizadas tenemos:

1. Disponibilidad de anfitrión. Cuanto más tiempo tenga el patógeno acceso al anfitrión, más virulento se vuelve. En ausencia de anfitrión, se reduce el patógeno. Probablemente ese es el problema principal en lo que se refiere a las Instalaciones de Confinamiento Animal Concentrado en semiestabulación y estabulación donde prácticamente no existen períodos de descanso sin anfitriones. Por eso los sistemas de rotación funcionan eficientemente en el control de patógenos. Es mucho más saludable poner 200 vacas en un cuarto de hectárea durante un día, 6 a 9 veces al año, que

tener esas 200 vacas en 500 hectáreas durante todo el año. Si observamos el Serengueti, se verá que así es exactamente como opera, con migraciones y múltiples especies. Las múltiples especies actúan como una permutación del acceso de patógenos, al anfitrión. Si los patógenos se encuentran con anfitriones hostiles, mueren antes de acceder a su anfitrión específico. Estos patógenos no pueden moverse muy lejos, así que cuando encuentran excrementos de pollo al lado de excrementos de vaca, el excremento de pollo es antagonista al patógeno presente en las vacas y constituye un entorno hostil. Por eso la multiplicidad de especies funciona tan bien desde el punto de vista del control de los patógenos.

2. Humedad. Los patógenos disminuyen su reproducción en condiciones secas. Por eso en climas mediterráneos se pueden obtener cultivos que en climas templados y húmedos presentan problemas con el moho, hongos, marchitamiento, etc., debido a los altos niveles de humedad. Ya que los excrementos y la orina están húmedos, obviamente las cuadras y los establos con hacinamiento promueven la patogenicidad cuando se comparan con los pastos que se pueden secar por completo entre ocupaciones.

3. Oscuridad. Los patógenos son sensibles a la luz, especialmente la luz directa del sol. Todos los establos y

salas de ordeño, deben instalar tragaluces para promover la luz del sol directa en el interior. Una vez más, esta es una de las ventajas de los sistemas de pastoreo, por definición están iluminados con luz solar. Por eso el pastoreo del rebaño en rotación, trabaja en favor de la sanidad: reduce la biomasa en el campo para exponer las zonas bajas entre forraje a la luz del sol.

4. Altas temperaturas en el trópico. Una buena descomposición requiere carbono, nitrógeno, aire, humedad, y microbios. Si están fuera de equilibrio o alguno es deficiente, la descomposición se paraliza.

Tratamiento de los animales enfermos. La genética de superviviente. Si hubiéramos seleccionado toros nacidos de vacas de más de diez años de edad, durante los últimos 50 años, estaríamos libres de las compañías farmacéuticas y casi nunca necesitaríamos un veterinario. Sin embargo nos hemos tragado la historia de que cuanto más joven, la madre, mejor y de que la salud proviene de un medicamento. Ninguna de las dos cosas es correcta. (Joel Salatini de poly fases farm, entrevistado por Mercola) Es también una ventaja de las razas criollas latinoamericanas cuya resistencia al medio y enfermedades se debe a la selección natural por siglos. Es una ayuda para el control de garrapatas tener pollos, gallinas de guinea, patos *Indian Runner*, por ejemplo (multiplicidad de especies).

Protocolo para establecer un módulo lechero o cárnico eficiente.

Para iniciar la construcción de un módulo como el propuesto, se debe contar con un plano topográfico detallado de la finca, donde estén delimitados arroyos, ríos lagunas, construcciones, vías internas y todo lo que no esté bajo pastoreo. Luego demarcar el, o los módulos a construir en el plano y su sistema de vías, para circular el ganado, así como el acueducto que llevará agua a cada potrero, procurando diseñar los mismos, de manera que los animales caminen lo menos posible, para asistir a los sombreadores y salas de ordeño.

Este será su proyecto para toda la finca, aunque se construya en varias etapas.

Cantidad de módulos y potreros a diseñar y construir.

En dependencia de la superficie de la finca se puede diseñar un módulo para todos sus animales o varios módulos independientes para diferentes lotes de animales, de acuerdo al tipo de explotación.

No hay una regla rígida para esto. Cuando la superficie de la finca es pequeña, menor a 30 ha, puede construirse un solo módulo para el manejo de todos los animales, divididos en dos lotes que pastorearán el primer día los animales de mayor exigencia nutricional como las vacas en producción lechera y el segundo día, el resto del rebaño. Puede ser también, un lote durante la mañana en un potrero y el otro lote durante la tarde-noche.

Opción A: Si la superficie de la finca lo permite, es aconsejable construir 2 módulos para instalar un sistema Ganadero Regenerativo Eficiente. Uno para el levante de terneras o mautas, mantenimiento de novillas y vacas secas cuya superficie ocuparía cerca de un 30 % de la superficie pastoreable y el otro, para las vacas en producción, en el restante 70 % de la superficie pastoreable. A cada módulo se le divide en un mínimo de 72 potreros para un total de 144 potreros, en los 2 módulos. Por supuesto, los potreros del primer módulo para mautas novillas y vacas secas serán más pequeños porque el área es más pequeña; las vacas en producción, tendrán 2 veces más superficie.

Opción B: hacer 110 potreros del mismo tamaño en el 100 % de la superficie pastoreable y dedicar 70 de ellos, a las vacas en producción, pero su ocupación será de 1 día por cada potrero y los 38 potreros restantes se utilizarán para las, mautas, novillas y vacas secas con 2 días de ocupación por potrero. Finalmente, tendrá el mismo tiempo de reposo en ambos módulos y será suficiente para pasar la temporada seca.

Opción C: mejor aún, si en vez de 110 se hacen 140 potreros en total, con una superficie de 1/4 de ha (2.500 m^2) o de 1/2 ha (5.000 m^2) en dependencia de la superficie disponible, de los cuales se dedicarían 98 potreros, a las vacas en producción lechera y 42 potreros, para el resto del ganado.

Para 140 potreros de ¼ de ha, el más práctico y eficiente, se requieren 35 ha, más un 10 % que ocuparían los callejones, que serían 4 ha adicionales, para un total de 39 ha. Este módulo, al cabo de 5 años, soportará una carga de 6 UA/A, equivalente a 234 UA en total, puesto que los callejones también son pastoreables, cuando el diseño es apropiado, de manera que los animales no tengan que pasar más de dos veces por el mismo lugar todos los días.

La cantidad de potreros descrita es la ideal para zonas semiáridas, donde la precipitación es escasa y mal distribuida durante el año, pero en zonas con alta precipitación bien distribuida, la cantidad de potreros sería menor, porque el tiempo de reposo (TR) es menor, así como en las fincas dedicadas a la producción de carne, cría o engorde solamente.

Una vez decidido el tiempo de recuperación o reposo del pasto, se decide el tiempo de ocupación (TO) del ganado en cada potrero. Por ejemplo: si el tiempo de recuperación (TR) es 42 días y el tiempo de ocupación (TO) es 1 día, porque se mueve el ganado cada día a otro potrero, se requieren 43 potreros, Porque cuando el ganado sale del primer potrero, este, necesita 42 días de reposo del pasto, entonces son 42 + 1 potreros, al incluir el inicial.

Otro ejemplo: Si el TR sigue siendo 42 días, pero el TO decidido es de 3 días, necesita 15 potreros, pues además del potrero inicial, requiere 14 potreros a donde vaya el ganado por 3 días en cada uno (TO), lo que da 42 días de recorrido, antes de volver al inicial (14 x 3 = 42). Cualquiera sea el tamaño de finca o del módulo, el número de potreros será: n = TR/TO + 1.

Cuando el rebaño se divide en 2 grupos: 1º, Vacas lactando y 2º, resto del rebaño, para que una vez que salga el primer lote del potrero, entra el 2º, y así, en lo sucesivo, necesita un segundo potrero más; por tanto, n = TR/TO + 2. Con 3 grupos necesita un tercer potrero más. En esos casos se debe ajustar el cálculo del número de animales que puede entrar por grupo al potrero según el peso o aforo inicial del pasto.

Se debe hacer cálculos en base a manejar la máxima carga animal que soporta un sistema PRV, que es de 6 a 7 UA/ha/año, máximo, sin riego, en zonas con lluvias bien distribuidas durante todo el año; aun cuando en un principio es menor, en la medida que el suelo va ganando fertilidad y los potreros se van consolidando y aumentando su oferta forrajera, habrá mayor cantidad de forraje hasta estabilizarse en esa carga animal, lo que puede tardar entre 5 y 7 años. Un suelo agredido o degradado, tardará unos 3 años en recuperarse mediante este pastoreo regenerativo.

Si tuviésemos por ejemplo, 80 potreros de 1 Ha (80 Ha en total), con el PRV se podría manejar alrededor de 400 UA totales; pero si solo se tiene 20 Ha, la carga animal estaría alrededor de 100 UA (100 dividido entre 20 = 5 UA/Ha). En este caso, los potreros serían de ¼ de ha (2.500 m$^{2)}$ Quiere decir que en 24 horas un grupo de 100 reses pastoreará un potrero de 2.500 m^2 para satisfacer su requerimiento diario de materia seca. Es lo mismo tener 400 reses en un potrero de 1 Ha, que 200 reses en potreros de 0,5 ha, o 100 reses en 2.500 m^2 por día (De la Rúa M., 2015)

Ejemplo 1: Finca de 20 ha, TR: 30 días, TO: 3 días, peso del pasto en su fase óptima (potrero recuperado: 0.4 kg por m^2.

Solución: TR/TO + 1 = 11 potreros de18.181 m^2 cada uno; y la oferta forrajera al ganado será de 72.274 kg de pasto en cada potrero. Si el ganado son vacas que comen 60 kg de forraje verde por día, necesita 180 kg/vaca, para los 3 días de ocupación. Entonces puede tener 40 vacas rotando 11 potreros. La carga de la finca sería: 2 vacas / ha). Inicialmente.

Ejemplo 2: Finca de 20 ha, TR 45 días, TO 3 días, peso pasto 0.4 k / m^2. Necesitan 16 potreros, de 12.500 m^2, con 5.000 kg de pasto cada potrero. En este caso tendrá 27 vacas rotando 16 potreros (carga 1.4 vacas/ha) En la estación seca: tome en cuenta que la falta de lluvias aumenta el TR. El ejemplo con TR 30 días puede representar el período lluvioso y el de TR 45 días a la estación seca. El cambio es dramático: en la época seca solo podrá tener casi la mitad de las vacas y tiene que subdividir y tener más potreros, pues el ganado no puede regresar tan rápido como antes, al potrero inicial. Esta solución es más económica que cualquier otra.

Si quisiera mantener también 40 vacas en la época seca, tendría que darles comida adicional con heno o silos que haya planificado, de lo contrario, el ganado pasará hambre; otra opción sería, meter menos vacas en el tiempo lluvioso y ensilar el pasto sobrante, para tener más comida en la época seca, pero necesita la maquinaria y equipo necesario, o pagar ese servicio a los contratistas.

Otra solución, la mejor, es tener más potreros de reserva para la época seca, para lo cual se necesitaría adquirir más tierra o esperar que el suelo gane fertilidad y consolidación, lo que aumentará la oferta forrajera.

Tener árboles sombreando el potrero (sistema silvopastoril) es una gran solución para la estación seca, sobre todo leguminosas arbóreas que producen semillas y frutos de alta calidad nutricional para el ganado; las malezas también dan su aporte de comida en ese momento, puesto que con altas cargas, los animales comen todo, no dejan nada en el potrero.

Mejorar la vida del suelo es clave, pues disminuye el TR y sube la eficiencia de la finca, como se ve en los ejemplos.

Cuando el ganado es de engorde (ceba) y se quiere cebar novillos con peso inicial de 120 kg para llevarlos a 420 kg en 14 meses, el aumento diario del peso del ganado, que implica cada vez, mayor consumo de forraje y se presenta la estación seca, complican el cálculo de animales a comprar (los que la finca puede alimentar). Se debe hacer cálculos cuidadosos del forraje futuro y del sucesivo aumento del consumo, porque se cometería el error de comprar animales en exceso que padecerán hambre.

Ajuste de cálculos cuando hay estación seca y no se tiene riego: Se debe aumentar el TR del pasto: El número de animales que puede sostener la finca cae en forma considerable. De ahí la importancia de cambiarle la cara a las ganaderías de potrero y cielo, por sistemas silvopastoriles que alivian los problemas de la época seca. Con una hoja de cálculo electrónica, similar a la anterior, se puede calcular el número de animales a introducir en la finca y el balance de comida necesario para pasar la estación seca. En esa hoja, se tendrá en cuenta que debido a que TR aumenta en los ciclos de rotación en época seca: el número de potreros será mayor pero de menor tamaño y de menor oferta de pasto. También se tendrá en cuenta que los ciclos en la época seca duran más días que los ciclos en la estación lluviosa.

Cuando no se tiene Bancos de Proteína o sistema silvopastoril que alivie la situación, tiene que vender animales o comprar el forraje faltante

EN el caso de fincas cuyas superficies sobrepasan las 400 ha y tienen muchos animales, se puede construir potreros de hasta 4 ha, máxima superficie aconsejada para los mismos. En este caso se llegaría a pastorear cargas instantáneas de hasta 1.000 UA/ha, teóricamente, cuando el pastizal haya logrado su clímax de fertilidad. En ese escenario, la finca tendría una capacidad de carga de 6-7 UA/ha. Manejar grandes superficies requiere de una planificación profesional cuidadosa y una excelente gerencia del PRV. Se debe comenzar con cargas de 3 UA/ha/día, para aumentarla progresivamente, en la medida que aumente la oferta forrajera. No olvidar incluir el potrero escuela, que puede servir también como "sala de partos" y otro pequeño módulo para pastorear becerros pre destete en cuyo caso, los potreritos serían de 1.000 m^2 o menos.

Diseño de módulos para ganadería Doble Propósito.

Es necesario contratar un topógrafo o persona especializada en mediciones, porque las mediciones hechas con geoogle Earth o cualquier mapeo satelital tienen un alto grado de error; más aún si se trata de terrenos ondulados. Estas herramientas, solo sirven para visualizar a gran escala La ubicación cursos de agua, instalaciones y otros aspectos. El proyecto puede trazarse inicialmente, sobre el mapa satelital, pero requiere de un topógrafo para su ejecución y si tiene experiencia en PRV, mejor.

En función de algunas experiencias de investigación, la mayoría de los pastos en Latinoamérica, arrojan rendimientos entre 7.000 – 10.000 kg MS/UA/año. En un ejemplo en una finca de 100 hectáreas de pastos con un rendimiento promedio año de 30.000 kg de MS/ha y un 80 % aprovechable, es decir, 24.000 kg/MS/ha y una oferta de 8.000 kgMS/UA/año, la estimación de la carga animal (CA) sería equivalente a 24.000/8.000 = 3 UA; mientras la capacidad de sustentación (CS), referida a la cantidad de animales (UA) que puede sostener la finca, se estimaría en la siguiente relación: CS = Carga animal x Superficie de Pastos de la Finca (ha); Vale decir: CS = 3 x 100 = 300 UA.

Organización de los rebaños y sus módulos de pastoreo.

En una unidad de producción bovina estará en función del rubro e intensidad del sistema de producción (recría, cría de carne, cría de doble propósito, levante, levante y ceba y ceba o terminación). En este caso se refiriere a los sistemas de ganadería de doble propósito representado por la vaca-maute y la vaca-novillo, muy común en la mayoría de las fincas en Latinoamérica tropical.

Por ejemplo, en un sistema de cría de doble propósito vaca-novillo, la composición del rebaño estará constituido por: vacas en ordeño y vacas secas, novillas y mautas, mautos, novillos (para venta), becerros y becerras y por los toros reproductores y/o retajos cuyo número variará en función del sistema de apareamiento de la finca. Las vacas totales (VT) constituyen y ocupan en un sistema vaca-novillo, alrededor del 50 % del total de la capacidad de sustentación (CS) de la unidad de producción, conformado por: Vacas en ordeño + vacas secas.(VT= VO+ VS)

Para el presente ejemplo, la CS = 300 UA; el número de VT sería: 300 x 0.5 = 150 vacas.

Las vacas en ordeño (VO) en un sistema eficiente no debería ser menor al 70 %, por lo cual en este ejemplo, deberíamos tener en ordeño (VO) = 150 x 0,7 = 105, que al mismo tiempo, representan aproximadamente el total de becerros, entre machos y hembras a manejar.

Las Vacas secas (VS) = 150-105 = 45. Las novillas representan alrededor del 14 % en UA, mientras las mautas y los mautos representan en UA alrededor del 11 %, cada lote.

Los rebaños deben ser organizados en razón de la funcionalidad y eficiencia del proceso productivo.

En este ejemplo, los rebaños pueden ser organizados en cinco (5) grupos etarios: Se estiman solo 2 toros de repaso porque se cuenta con I.A.

Rebaño	Clase animal	Cantidad	UA
1	Vacas en ordeño	105	105
2	Vacas secas y novillas 60 % del total	45 + 31	71,35
3	Novillas y mautas creciendo	20 + 32	45,7
4	Mautos creciendo	51	30,6
5	Becerros (as) y 2 toros	105 + 2	34,5
Total		411	287,1

El número de módulos estará en relación al número de rebaños y de la metodología de pastoreo de estos rebaños. En este ejemplo, con 5 rebaños es factible organizar cinco (5) módulos de pastoreo, en caso que decidimos utilizar un (1) sólo rebaño por módulo.

También es viable reducir el número de módulos a 3-4, si decidimos utilizar el método de pastoreo rotativo de "Punteros y seguidores," agrupando dos (2) rebaños por módulo; en este caso, el rebaño puntero estaría conformado por Vacas en ordeño y las seguidoras son las vacas secas y toros en descanso; un módulo para becerras en crecimiento y novillas como punteras y mautas y mautes castrados como seguidores. Aunque las novillas preñadas se pueden colocar junto con las vacas secas.

Procedimiento: Cálculo de la cantidad de potreros (P) por Módulo = Tiempo de reposo (TR)/Tiempo de ocupación (TO) + Número de Lotes (NL) Asumiendo que la especie de pasto dominante en la finca es Tanner (Brachiaria arrecta) con períodos de descanso de 28 días, el cálculo de los módulos sería:

Módulo	Potreros	TR	TO	Rebaño	UA
1°	57	28	½	1	105
2°	15	28	2	2	31,75
3°	8	28	4	3	45,7
4°	5	28	7	4	30,6
5°	5	28	7	5	34,5
Total	90			5	

Cálculo del área de los módulos (AM) y del área de los potreros por módulo (AP/M)

Módulo	UA	CA/ha	ha	NP	AP/M(ha)
1°	105	3	35	57	0,614
2°	31,75	3	23,8	15	1,585
3°	45,7	3	15.23	8	1,904
4°	30,6	3	10,20	5	2,040
5°	34,5	3	11,50	5	2,300

Se debe hacer siempre, más potreros de los que se necesita, para darle flexibilidad al manejo racional. En consecuencia, no se recomienda que todos los módulos tengan 60 potreros, ese es el mínimo, lo óptimo es 70 o más potreros, en todos los pisos térmicos.

Pero en algunas regiones se presentan severas sequias de 6 a 8 meses; entonces lo recomendable es planificar 120 potreros. Se usarán todos los potreros que sean necesarios para el pastoreo, pero si sobran potreros, como señalamos anteriormente, lo ideal es ensilarlos henificarlos o simplemente cortar y dejar en el suelo como abono o dejar semillar, pero evitando el acolchonamiento.

Para implementar este monitoreo debemos identificar inicialmente a nivel de campo y de planillas o control en computadora, todos los potreros dentro de cada uno de los módulos. Este monitoreo implica tener control de la utilización de los potreros, prácticas de mantenimiento ejecutadas y de las variables productivas. A continuación se muestra un ejemplo de planilla de "Control y seguimiento de módulos" a través de hojas de cálculo.

Planilla de control de potreros y su pastoreo.

Finca.....................Módulo Nº..... TO.....TR........									Observa ciones
potrero	Aforo Pre Fecha	kg	Aforo pos	kg	litros	Grupo	Cantidad Animales	Lluvia mm	
1									
2									
3									
4									
5									

6									
7									
8									
9									
10									
11									
12									
13									
14									
15									
16									

Fuente: Archivo de registros. Jairo Faría Romero.

Adecuación del programa de pastoreo a las fluctuaciones en la producción de forraje.

Es necesario modificar a lo largo del año los períodos de descanso del Pastizal. Cuando se pasa de una rotación larga a una más corta (con menos días de reposo del pastizal) se debe reducir el número de potreros o el tiempo de ocupación en ellos. A su vez, cuando se pasa de una rotación corta a una más larga, sucede exactamente lo contrario.

A modo de ejemplo, supongamos que se está pastoreando en forma rotativa una superficie de 124 ha, dividida en 31 potreros de 4 Ha cada uno (124 / 31 = 4 Ha) con un tiempo de ocupación de 2 días por potrero, y se pasa de un descanso de 60 días en época seca a uno de 30 días en lluvias Para contemplar esta modificación en el sistema se puede adoptar una de las siguientes alternativas:

a) modificar el tiempo de ocupación. Ocupación= reposo / (N^o parcelas - 1) Ocupación en época seca= 60 / (31 - 1) = 2 días Ocupación en lluvias = 30 / (31 - 1) = 1 día En este ejemplo al ingresar a la lluvia se debe reducir el periodo de Ocupación por potrero, a 1 día.

b) modificar el número de potreros. N^o Potreros = (Reposo / Ocupación) + 1 N^o potreros en época seca = (60 / 2) + 1 = 31 potreros N^o Potreros en inicio de lluvias = (30 / 2) + 1 = 16 potreros. Como se puede apreciar, en este caso, sobran 15 potreros (31 - 16 = 15) que se pueden desacoplar de la rotación y destinarlos a otro fin (otra categoría de animales, tales como novillos por ejemplo, o producción de pacas de heno o ensilaje. Cuando se pasa de una rotación corta a una larga, van a faltar potreros y hay que acoplar aquellos potreros que fueron destinadas a otra actividad. Otra variante dentro del punto b) es redimensionar el tamaño de los potreros; trabajar con 16 potreros pero con superficie de 7.75 Ha. (124 Ha / 16 = 7.75 Ha).

b) Modificar N^o de parcelas.

c) Modificar N° y superficie potrero 30 de 2 ha, 16 de 7,5 124 de 1ha. Se desacoplan 15 potreros (15 x 4 Ha = 60 Ha); 60 Ha desacopladas + 64 Ha pastoreadas = 124 Ha 7 de 11

El número de potreros, tiempo de reposo y tiempo de Ocupación se pueden calcular con la siguiente ecuación: N° Potreros = (reposo / Ocupación) + N° de Grupos Debe tenerse en cuenta que a medida que aumenta el número de grupos, para obtener un mismo periodo de reposo del pastizal, se debe aumentar el tiempo de Ocupación o el número de potreros.

Procedimiento para la construcción del primer módulo.

1. Marcar las esquinas de los potreros con una baliza o algo similar. Los potreros deben ser idealmente, de forma cuadrada; se necesitará una cinta métrica de 50 ó 100 metros.

2. Extender y enterrar la manguera que surte el agua, con sus derivaciones para un bebedero para cada 2 potreros. En fincas pequeñas se puede diseñar un hidrante de acople rápido para cada 2 ó 4 potreros y usar bebederos plásticos móviles con capacidad para 500 litros, provistos de

flotadores, que se cambiarían a diario, a hombro; Con 2 bebederos móviles es suficiente para todos los potreros, que seguirían la rotación del ganado.

En módulos más grandes con cargas de 200 a 400 UA/ha/día es recomendable construir 1 bebedero para cada 4 potreros, en bloques de concreto (hormigón) frisados en su interior. Se construyen de forma rectangular, donde confluyen 4 potreros, para ahorrar insumos.

3. Clavar los postas o estantillos esquineros de la cerca y tender el alambre, utilizando varilla metálica de ½ ó 3/8 entre postes para evitar el efecto "hamaca" del alambre.

4. Construcción de bebederos y acueducto y prever una capacidad de almacenamiento para 3 días, por si ocurre una emergencia. Opcionalmente se puede sembrar al lado de la cerca electrificada, una cerca viva de leguminosas forrajeras, como se leerá mas adelante.

Las vías o callejones de los módulos.

Mientras más animales se tengan en el módulo de pastoreo, más anchas deben ser las calles del sistema, cuya superficie puede ser equivalente, aproximadamente, al 10 % de la superficie total del módulo; el restante, se divide en potreros. Este 10 % ocupado por los callejones, no es un sacrificio, porque también se lo comen los animales. El ancho debe garantizar el bienestar animal y evitar encharcamiento y lodazales en época de lluvias, para prevenir atascos.

En el proyecto se debe prever 3 m^2 por res de manera que en un módulo de 100 ha, se calcula que 5 de ellas son para los callejones y 95 has para potreros de 1 ha, por ejemplo, se puede sostener unas 500 reses, teóricamente debería ser de 10 m de ancho, el callejón.

Para esa cantidad de animales se debe hacer de 8 m y dejar 0,5 m a cada lado como cuneta, para el drenaje de agua de lluvia, de manera que quede el callejón en forma convexa para evitar la erosión. Se recomienda utilizar una motoniveladora para ello. Un mismo callejón no se debe usar más de dos veces el mismo día. Nunca haga callejones cerrados, ellos deben tener salida por cualquier lado. Es muy frecuente, encontrar proyectos con callejones sin salida, o sea, que el ganado solo puede ir por este al potrero, pero para pasar a otro, tienen que devolverse por el mismo camino. El callejón debe sembrarse de pasto, igual que un potrero, preferiblemente con una Brachiaria estolonifera o de otro pasto decumbente, que lo protegen de la erosión y resisten el pisoteo, como el pasto estrella, por ejemplo. Se pastorean también a ras, pero es importante que los callejones no queden desnudos.

En temporada de lluvias, es aconsejable que los animales no pasen por el mismo callejón, 2 veces al día.

No se recomienda en este sistema, hacer callejones de más de 10 m de ancho, debido que las puertas deben ser del mismo tamaño del callejón, abrir y cerrar, una puerta de esa dimensión, es complicado, puesto que se utilizan también, para cerrar la calle, mientras el rebaño entra o sale del potrero.

Cercas electrificadas y Energizadores.

El alto costo de construcción y mantenimiento de la cerca convencional de alambre con púas ha impulsado el uso de la cerca electrificada. Estas se construyen de un hilo de alambre liso galvanizado, No. 12, tanto en potreros como en callejuelas, utilizando estantillos y madrinas o botalones en concreto, tanto para para las puertas como para los esquineros.

Cerca básica con retorno de tierra por cable. Las cercas para bovinos pueden ser construidas con 1, 2 o 3 hilos, dependiendo del grado de seguridad que se desee dar; la cerca de 3 hilos se utiliza normalmente en los corredores y áreas de uso diario como las áreas de ocio o sombreadores;

en las cercas laterales, que comienzan en los corredores y en los fondos se utiliza 2 hilos como aislantes, que permiten que el hilo de abajo pueda ser utilizado como choque o como conexión a tierra. En la división de los potreros de la misma franja se utiliza sólo un hilo

Para que la corriente circule, se debe enterrar 3 varillas de cobre en triángulo a 2 metros de profundidad. A éstas, se le conecta un cable negativo o de tierra, que sale del aparato y el positivo o corriente se conecta a la cerca. En época seca, estas barras se deben humedecer periódicamente. En la medida que la línea viva sea más larga, es necesario agregar una varilla por cada 20 km; se entierran a una separación de 3 m como mínimo 2 m, preferiblemente en triángulo

Se debe procurar que el alambre de la cerca no tenga contacto con la tierra ni con los estantillos, para evitar que la corriente se pierda cayendo a tierra.

Se instalará una cuchilla corta corriente para cada sección del módulo, de forma que solo se electrificará el área que está siendo pastoreada.

El cruce de cercas eléctricas con líneas de alta tensión debe ser evitado al máximo. Si esto no es posible, el cruce bajo la línea aérea, deberá hacerse en ángulo recto y lo más baja posible. No se debe colocar un cercado electrificado en paralelo junto a las líneas aéreas de alta tensión, de manera prolongada, debido a una posible carga del hilo de la cerca. El espacio de seguridad para líneas de alta tensión es de 5 metros por debajo de los cables y de 2 metros para líneas de media tensión.

No se debe montar ninguna pieza que pertenezca a la instalación del cercado eléctrico, en los postes de transporte de energía eléctrica, en los de telefonía o en los de otra cerca colindante. La normativa obliga a dejar una separación de dos metros entre cercas que no estén alimentadas con el mismo electrificador. Tampoco se puede conectar dos aparatos al mismo cable, pues se anularían mutuamente.

En los tramos donde amerite tensar ,para evitar el efecto "hamaca" del alambre de la cerca, se puede utilizar a manera de sostén, trozos de 1.5 m de varilla metálica o cabilla de 1/2" enterrando 0.5 m de manera que quede de 1 m de altura, a la que se le instala un aislador plástico con tuerca, en su tercio medio y otro en el tercio superior, para sostener el alambre; las varillas pueden ser pintadas en blanco o en amarillo tráfico, para ser fácilmente vistas por los operarios de mantenimiento.

El energizador de la cerca debe tener una capacidad dos veces superior a la cantidad de km de cerca que energiza, para compensar la pérdida de energía causado por el pasto y maleza que pudiera hacer contacto con la cerca.

Debido a las frecuentes fallas de electricidad en la zona rural, a causa de lluvias, vientos fuertes y salinidad, aunque muchas fincas poseen generadores eléctricos de emergencia, se debería utilizar celdas solares de 110 V, para energizar la cerca. Estas celdas tienen una superficie aproximada de 50 x 50 cm, con capacidad de energizar 60 km de conductor o alambre. Por ejemplo, un módulo de PRV con una superficie en pastizal, de 30 ha, divididas en 60 potreros de 0,5 ha, requiere tan sólo 10 km de cerca de un pelo incluido su perímetro, calles y divisiones.

Cuando las cercas perimetrales son de alambre con púas, se recomienda hacer un sobrecerco interior, con la cerca electrificada, a fin de que los animales no toquen la cerca de alambre con púas, aumentando así su durabilidad; por otra parte, se utiliza para construir un circuito interno en cada potrero, obviando o ahorrando, los pases subterráneos o aéreos de las puertas de los potreros.

Se debe disponer de un arreador o pastor, para el cambio del ganado en los potreros y velar porque el potrero a pastorear, tenga el bebedero lleno. Se encargará además del mantenimiento de las cercas electrificadas, en fincas de más de 50 ha. Una falla en esta disposición, es la principal causa del fracaso en la permanencia de estos módulos.

El pastor o comandante del pastoreo, podrá además, encargarse del sistema de bebederos, limpiarlos y abrir las llaves de estos, o de su traslado, en caso que sean móviles, puesto que deberán ser llenados previamente, de la misma forma en que ocurre el pastoreo.

El permanente contacto del pastor con las vacas le permite detectar problemas sanitarios y los signos de celo, datos que serían de gran ayuda para el Inseminador.

Los Energizadores de corriente alterna pueden ser de 110 V o de 220 V, en dependencia de la disponibilidad de electricidad y de los km de cerca a electrificar, así: 0,5 Joule de salida para 5 km de línea viva para 8 a 10 ha; 1,2 Joule de salida, para 12 km de línea viva; para dividir módulos de 25 has; de 2 Joules, para 24 km de línea viva, en fincas de 50 has.

Para ganaderías de más de 75 ha, instalar un sistema de 5 Joules de salida para energizar unos 50 km de línea viva. Para fincas grandes, 9,5 Joules de salida, electrificarán 90 km de línea viva; el de 12 Joules de salida es para 120 km.

Existen los Energizadores mixtos que funcionan con corriente alterna y con batería de 12 y con 110 V.

El más práctico eficiente y portátil es el energizador con panel solar integrado: Es un todo en uno, con capacidad para 4 km, lo cual puede amplificarse haciendo conexiones con switchs en cuadrante a su alrededor.

Tipo de alambre: el más recomendado es el triple galvanizado, Clase III, de alta tensión, de calibre 12.5 ó 2.5 mm. Otra opción, es el alambre ferretero galvanizado, más disponible y económico. Existe en el mercado cintas o cordones electrificables, enrollables, de fácil manipulación, sobre todo, para cercas móviles.

Voltímetro: es necesario comprobar diariamente el voltaje en la cerca con voltímetro; es más recomendable uno digital, herramienta que portaría el arreador.

Mantenimiento de la cerca.

En lo que refiere a podar el pasto debajo de la cerca, el mismo ganado lo hace en cada rotación, cuando se trata de animales adultos, como se muestra en la foto. También se observa la varilla metálica que evita el efecto hamaca de la cerca.

Foto archivo: Ganadería "Andalucía", Cundinamarca – Colombia, Michael Rúa, 2008.

En algunos casos se hará necesario usar una guadañadora o cortadora portátil.

Enseñanza de los animales a respetar la cerca.

Es un pequeño potrero que servirá de acostumbramiento y enseñanza a los animales a respetar la cerca electrificada; se construye con 6 pelos o líneas de alambre liso, todos electrificados. Se usa desde 1 hasta 7 días, si es necesario. Algunas veces se presionará a los animales a tocar la cerca, para que aprendan a respetar luego a los potreros verdes que están en reposo y no rompan las cercas, mientras están en pastoreo. En algunos rebaños suele haber 1 ó 2 animales rompedores de cerca, los cuales deben ser eliminados, cuando la escuela no es capaz de domesticarlos.

Los búfalos son capaces de llevar por delante una cerca convencional de cinco hilos si se deciden a desplazarse para un punto en frente, pero respetan más que ninguna otra especie, la cerca electrificada. Animales cebú, incluso los criados en largas extensiones de tierra, tras pocos días de entradas a la "escuela" respetan las cercas eléctricas.

Cercas Vivas de leguminosas forrajeras como fuente de proteínas.

Las cercas vivas pueden construirse con leguminosas arbóreas o arbustivas en diferentes arreglos silvopastoriles sostenibles, tales como: botón de oro (Tithonia diversipholia), Leucaena leucocephala, nacedero o naranjillo (Trichantera gigantea) la Cratylia (Cratylia argéntea) Mata Ratón (Gliciridia Sepium) y otras especies no leguminosas, como la Morera morus y Moringa oleífera.

Las cercas vivas de leguminosas cumplen además, la función de complementar la proteína deficitaria de los pastos, mediante corte y suministro como forraje o ramoneo directo.

Además de reproducción sexual por semillas, el más económico y eficiente método de siembra, es a través de estacas previo pelado o eliminación de la corteza, de 30 a 50 cm de largo, con varias yemas, para aprovechar la germinación de todas sus yemas, cosechadas del tercio inferior o intermedio de los tallos o estacas, sembradas a 5 cm de profundidad, acostadas a chorro corrido, en las líneas que deja un renovador de praderas u otro implemento, a 10 cm de profundidad; cuando se siembran paradas o en forma vertical, a las estacas se les retira 3 cm de la corteza en la punta que va enterrada, para favorecer el enraizamiento rápido, a excepción de la Leucaena leucocephala, que no se reproduce por estacas.

Alternativamente puede enterrarse a 15 cm de profundidad, una cinta de riego que impulsará el crecimiento y mantenimiento de la "cerca alimenticia". A ambos lados de la cinta se sembrarán las estacas. Otra alternativa de riego para la cerca viva, es colocar goteros a la manguera que lleva agua a los bebederos de los potreros, la cual iría justo al lado de la cerca viva divisoria. Conviene inocularlas con rizobium antes de la siembra, a excepción de la Moringa oleífera y morera, que no son leguminosas.

Esta cerca viva estará protegida a ambos lados por una cerca electrificada durante el primer año, abonada y practicadas dos podas, hasta que esté lo suficientemente robusta y tupida, momento en el que será retirada la cerca electrificada y reutilizada.

Todas esas plantas pueden utilizarse también en arreglos silvopastoriles, para consumo directo o ramoneo como líneas intercaladas en los potreros, mejor si el pasto ya está establecido. Debido a su crecimiento arbóreo de la mayoría, pueden utilizarse como componente arbóreo de los potreros, para lo cual es aconsejable propagarlas por semilla sexual en viveros, hasta que alcancen un tamaño adecuado para su trasplante, cuyas raíces serán más profundas, fuertes y resistentes al viento. Estas leguminosas, no requieren fertilización. Otras especies muy nutritivas, no leguminosas como la Moringa oleífera y la Morera solo requieren abonamiento con estiércol.

Comportamiento de los bovinos en el abrevado.

Las vacas lecheras están confortables a temperaturas ambientales entre 5 y 25 °C (Roendenfeldt 1998) por encima de esa temperatura su capacidad de termorregulación estará comprometida y entrará en estrés por calor; diferentes mecanismos operarán para superar ese estado, tales como la disminución de la ingesta, para reducir la generación de calor metabólico (RNC 2001) A una temperatura de 40 °C el consumo de materia seca disminuye 40 %; prácticamente deja de comer. El agua potable, no solo es el nutriente más importante para el ganado, también tiene un alto valor para disipar calor. A mayor calor, mayor consumo de agua (Coimbra 2007; Arias et al., 2008) El mayor consumo de agua se efectúa al salir de la sala de ordeño. Por tanto, es importante proveer suficiente agua en el corral de salida, antes de ir al potrero. Por el contrario, el suministro de agua dentro de la sala de ordeño no afecta apreciablemente el consumo; este, se incrementa en un 50 % cuando está disponible en el campo durante 21 horas/día, comparado con agua ofrecida en la sala de ordeño durante 2,8 horas/día (NRC, 1981).

Cuando el agua de bebida se suministra sólo en la sala de ordeño, la posibilidad de que todo el rebaño cubra sus necesidades de consumo de agua, estará comprometida; es en función de su disponibilidad instantánea en relación al número de animales y al tiempo que permanece a su disposición. Esto último es regulado a su vez, por factores de comportamiento animal como la proporción entre vacas pluríparas y primíparas, ya que la dominancia sobre las vacas de primera cría lleva a que estas últimas en general sean relegadas. Las vacas relegadas consumen un 7 % menos de agua y un 9 % menos de materia seca que las dominantes, y como consecuencia producen menos (Piaggio y García).

Con agua en el potrero, sobre las que solo bebían en la sala de ordeño; Piaggio y García obtuvieron en promedio anual, un 5 % más de litros de leche/vaca,

En las vacas lecheras en lactación, el 40 % del consumo se produce entre las 5 pm y 9 pm: el pico de la demanda ocurre entre la 1ª y 3ª hora posterior al ordeño de la tarde, cuando ya se han retirado de la sala de ordeño o vaquera y están en el potrero, pudiendo llegar a beber 7 a 20 litros por minuto y hasta un 40 a 60 % del total del consumo diario.

Las vacas lecheras en producción deben tener agua a disposición permanentemente, pues se ha constatado que en esta forma producen alrededor de un 5 % más de leche que si bebieran a discreción solo dos veces por día y un 10 % más que si lo hicieran en una sola toma diaria.

En las vacas lecheras en producción, durante períodos de elevadas temperaturas el patrón diario de consumo de agua se modifica, reduciéndose el intervalo entre bebidas a menos de dos horas.

Los animales no vienen al mismo tiempo a buscar agua, como si lo hacen, cuando se les sirve alimentos; solo un 10 % aproximadamente, del rebaño en pastoreo, beben en el mismo momento; tampoco se toman los 80 a 100 litros promedio que necesita cada animal adulto a diario en un solo sorbo; toman agua en varias dosis al día y lo hacen alternamente; se acercan al bebedero heterogéneamente y por momentos, se reúnen varios animales entorno al mismo. Si el agua no es suficiente, los animales se apiñan en los bebederos y se inicia el estrés por consumo de agua a tiempo, lo cual afecta hasta la producción de leche y carne.

Cuando en la finca hay animales astados y mochos, los primeros tienen prioridad de acceso al agua, y en algunos casos hasta pueden impedir que los mochos beban.

Se ha determinado que cuando el ganado sale a buscar el agua fuera de los potreros, produce un 30 % menos (en promedio) de carne o leche, debido principalmente a un mayor gasto energético.

El bovino no necesita beber agua inmediatamente después de ingerir un suplemento salino; pueden pasar más de 7 horas hasta que tenga necesidad de beber. Por lo tanto, los saladeros, excepto en época de servicio en que conviene que toros y hembras permanezcan más tiempo juntos, se deben colocar lejos de las aguadas para no agregar una causa más de sobrepastoreo y traslado de la fertilidad en la cercanía de las aguadas o bebederos.

En pastoreo rotativo sin agua en el potrero, los animales se trasladan por callejones hasta el bebedero, en grupo, siguiendo un patrón diario de consumo de agua, lo que aumenta la demanda instantánea de agua, con posible agotamiento del agua del bebedero común.

En pastoreo rotativo con agua en el potrero, los hábitos varían; el animal toma agua un promedio de 6 a 7 veces por día, menor cantidad por vez, a distintas horas y sin permanencia cerca del bebedero; toman agua y van a comer, ya que son conscientes que la tienen cerca y a disposición, no actúan con espíritu gregario dirigiéndose en grupos grandes a la aguada, sino que van en forma individual o en pequeños grupos y por poco tiempo.

Las vacas beben más agua mientras están consumiendo alimentos secos. Cuando cuentan con bebederos cercanos, es común que alternen la ingesta del alimento y del agua, por lo que es importante tener bebederos con agua fresca y limpia y con accesos fáciles cerca de las áreas de alimentación o en los potreros.

Vacas lactando consumen más agua y producen más leche, cuando el agua está disponible de forma continua, que cuando la frecuencia de acceso se reduce (RNC, 1980). Estos efectos son mayores con altos niveles de producción y elevada temperatura ambiente. Las vacas lecheras lactantes pueden beber hasta unas diez veces por día (10 minutos al día y a razón de 10 a 20 litros/min)

Cuando las vacas deben permanecer mucho tiempo en un corral de espera para el ordeño, conviene que dispongan de bebederos y sombra, en él, especialmente si esta zona es calurosa lo cual, puede incidir negativamente al incrementar el estrés de los animales.

La pertinencia del agua en cada potrero, y demás áreas.

El agua en los potreros es una necesidad prioritaria en el PRV. Mientras el ganado menos tenga que esforzarse en buscar el agua de bebida, camina menos, se estresa menos, come más, se reproduce mejor, y sobre todo, digiere mejor sus alimentos, porque el consumo suficiente de agua estimula el consumo de pasto y facilita la digestión y por supuesto, aprovecha mejor los nutrientes de su alimento, con la producción adicional de un 30 % más de carne y leche, con lo cual se recupera rápidamente la inversión en acueducto y bebederos,

Cuando los potreros están en forma radial o de reloj con un bebedero al centro (comunitario) en el vértice del triángulo que se forma en cada potrero, se va compactando el suelo porque todos los animales deben pasar por allí, varias veces al día durante todo el día. En poco tiempo, los potreros comienzan a quedarse sin pasto en los vértices y peor, en temporada de lluvias. La figura con menor perímetro es el cuadrado, lo que abarata la inversión en cercas. Las figuras triangulares son las de mayor diámetro, lo cual encarece el cercado.

Se debe proveer bebederos en cada potrero, en los sombreadores, en la sala o corral de espera, donde suelen estar de 15 a 60 minutos, generalmente con calor estresante, en la sala de ordeño y principalmente a la salida del ordeño.

Para estimar el consumo de agua por el ganado, para una temperatura de 27 grados C, los requerimientos de agua son:

Necesidad de agua en bovinos	
Peso Vivo kg	Litros/día
Bovino en crecimiento	
30 a 100	15
180	26
275	34
364	40
Bovinos en terminación	
365	47
455	55
Vacas en lactación	
410	70
Toros	
635	50
730	55

FUENTE: NRC, 1997

Varios estudios indican que un bovino adulto puede consumir aproximadamente el 8 al 10 % de su peso en agua. Una vaca o un novillo de 450 kg de peso vivo podrá ingerir 45 litros/día, variando sensiblemente con las condiciones ambientales.

Hay que considerar el agua existente en los pastos, pero en el trópico se debe calcular una mayor pérdida por transpiración y evaporación, de manera que el cálculo debe realizarse en base a un consumo de 80 l/día por unidad animal. Cuando se trata de vacas en lactación, debe agregársele 5 litros de agua por cada litro de leche producida. De tal forma que puede llegar a consumir 100 litros/día.

Para que los animales tengan buenas conversiones se debe respetar la correlación forraje-temperatura ambiental-consumo de agua así: 3,5 litros de agua por kg de materia seca consumida a 4 grados Centígrados, 4,5 litros a 10,8 grados, 5,5 l a 15,6 grados, 6.0 l a 30 grados y a temperaturas por encima de 30 grados el consumo es de 11,5 l por kg de materia seca consumida.

Si en la finca, la temperatura, tan solo dos días al año supera los 30 grados la demanda debe ser calculada en base a esa temperatura, para todo el año (11, 5 litros por kg de materia seca; 132 litros por UA, calculado a un consumo de forraje igual al 12% de su peso vivo.

Calculo de la red hidráulica para bebida.

El cálculo de agua en la red debe ser hecho considerando el nivel de saturación, con la mayor carga de animales posible y su necesidad máxima; por ello el caudal en los bebederos, será calculado para la demanda máxima en litros, dividida entre 16 horas, en atención al ritmo circadiano de los bovinos.

Por ejemplo, en un módulo o finca, con capacidad de carga para 200 UA, el consumo es igual a 200 x 89 l = 17.800 litros / 57.600 segundos (16 horas) = 0,30 l/s. La red es calculada usando el doble del caudal porque más de un bebedero en el mismo ramal, puede estar siendo utilizado al mismo tiempo; entonces el caudal debería ser de 0,60 l/s. para mantener llenos todos los bebederos.

Se debe usar para el cálculo 80 litros/día/UA, como requerimiento y para vacas en lactación, calcular 5 litros adicionales, de agua por litro de leche producida. La demanda de agua del rebaño y el cálculo del caudal en la red y en el bebedero, es hecho considerando el proyecto total en su saturación, o sea, con lotes de animales y su necesidad máxima, de acuerdo con la mayor carga/ha prevista. Aun cuando el proyecto es implantado por partes, frecuentemente, en función de las disponibilidades financieras, las instalaciones de infraestructura deben ser previstas y ejecutadas para las demandas del proyecto en su saturación, con carga, lotes, máximos y temperatura máxima. El reservorio o tanque de almacenamiento de agua, debe tener capacidad de suministro para 3 días, como mínimo, tiempo necesario para, solucionar cualquier problema en la provisión de agua. Se recomienda tener una bomba de repuesto en la finca, para cubrir emergencias.

Cuando no se tiene un tanque elevado para hacer llegar el agua a todos los bebederos por gravedad, se debe instalar un hidroneumático equipado con tanque para 80 litros y electro bomba de 1,5 hp, el cual mantendrá la presión necesaria, aunque puede usarse una bomba mixta para tal efecto. Para lugares donde no llega la electricidad, tanto la bomba del pozo como la del sistema hidroneumático, pueden funcionar con un energizador solar. Se vierte el agua a un tanque australiano, por ejemplo, desde donde se llevará agua a los bebederos por gravedad o con hidroneumático. Es más práctico y económico el uso de silo tanques verticales de concreto armado, construidos con formaletas metálicas.

En caso de usar un tanque elevado, como el silo tanque, se debe verificar que el agua llegue efectivamente hasta el bebedero más lejano y comprobar que no hay fugas en el sistema antes de enterrar la manguera. Por ejemplo, si la demanda es de 0,5 l/sg y se tiene un desnivel de 1.5 m, con una tubería de 1." se necesita que el tanque esté a 18.20 m de altura, pero si le coloca una tubería de 1,5" el tanque necesitaría estar solo a 2,4 m, y con tubería de 2" el tanque necesita tan solo 0,70 m de elevación. Estos cálculos han sido hechos para utilizar tubería pvc. Cuando se utiliza manguera, el diámetro debe ser el doble, debido al efecto fricción del material, peor aún, si se trata de tubo galvanizado.

Es importante calcular la cantidad de metros o kilómetros para calcular el diámetro, así como la cantidad de lotes de animales, porque si se maneja más de un módulo, la presión necesaria en la tubería aumentaría y también, la cantidad de l/sg.

La tubería principal del acueducto, debe enterrarse a unos 60 cm de profundidad, en uno de los lados del sistema vial o calles que comunican los potreros, para evitar roturas por pisoteo, daños por el paso de vehículos en época de lluvias y calentamiento del agua, La zanja se abre con una zanjadora de las que se usan para enterrar tubería de riego.

Desde la tubería principal de 2 pulgadas, se derivará una de menor diámetro de 1,5", por ejemplo, hacia los bebederos, y se colocará un hidrante para cada 4 potreros, desde donde se derivará a su vez, una manguera para cada bebedero, para hacer más económica su construcción.

La limpieza de bebederos debe ser continua. Los bebederos pueden, opcionalmente, ser pintados en su interior con pintura epóxica blanca, tipo piscina, que refracta los rayos solares, evita el calentamiento, crecimiento de algas, acidosis y facilita su limpieza.

El asentamiento de la tubería debe realizarse de manera cuidadosa, de modo que reposen sobre una superficie plana, para evitar la formación de burbujas de aire, que reducen y hasta interrumpen el caudal. En situaciones especiales, se pueden instalar respiradores en las partes más altas de la red para "purgar" el aire.

La distribución de potreros en forma de reloj no resuelve el abastecimiento de agua, más bien, lo empeora; innegable que es mejor hacer una distribución en forma de reloj y compartir agua para varios potreros desde un mismo punto fijo convergente, que tener el agua en jagüey o lagunas y otro tipo de abastecimientos en los que el ganado tiene que salir a buscar el agua. Pero no es la solución radical para que todo el ganado tome el agua necesaria diariamente. Ocurrirá que en el punto de convergencia donde se ofrece el agua, además del mayor desgaste del suelo se formarán lodazales a los que cada vez el ganado querrá visitar menos. si alrededor del bebedero se estacionan unos pocos animales de mayor jerarquía (lo que será normal), impedirán que otros beban.

Por otra parte, los puntos de agua comunitarios que se quedan fijos, normalmente estancan el agua, y esto favorece su descomposición, y contaminación.

Bebederos plásticos provisionales, que pueden trasladarse a diario.

Bebederos y acueducto.

Algunos productores construyen los bebederos en concreto vaciado u hormigón, también de bloques con friso interior, de manera que el pastor, cuando saca el ganado del potrero, cierra el suministro de agua y abre la llave de vaciado para que permanezca vacío durante todo el tiempo de reposo del potrero, evitando así la transmisión de parásitos, hasta el día en que al conducir el ganado a un nuevo potrero, el pastor abre la llave de llenado con agua nueva, descontaminada, y a temperatura agradable, sin algas. De esta manera se ahorra la mano de obra para limpieza de bebederos, los cuales estarán provistos de flotadores que permiten restituir el contenido a medida que los animales beben.

. Debido al costo inicial de los bebederos fijos de bloques o de concreto armado, podría utilizarse bebederos móviles de plástico o de fibra de vidrio, muy livianos que son transportados a hombro, al potrero a pastorear, por el operario o pastor, adecuados para fincas pequeñas, con potreros muy pequeños y pocos animales.

Los bovinos confinados en una pequeña área beben agua por lotes de aproximadamente 10 % simultáneamente; cuando se manejan rebaños de más de 100 animales adultos, 10 a 15 de ellos, estarían tomando agua en un mismo momento, por lo que es necesario construir bebederos calculando un espacio de 50 cm lineales por animal, para ese 10 %; por ello, los bebederos para cada dos potreros, deberían ser de 6 m de largo como mínimo, por 1.80 m de ancho, para que la cerca pase por el medio; Cuando el bebedero es común para 4 potreros, debe tener 12 m de largo, porque 2 potreros podrían ser pastoreados el mismo día; igual medida es aplicable a los bebederos situados en las áreas de ocio, y salida de la sala de ordeño.

Calidad del agua adecuada para bovinos.

Salinidad: Un Nivel de 1000 – 3000 ppm es satisfactorio para toda clase de bovinos; puede causar diarrea temporal y suave en bovinos no acostumbrados a ésta, pero no deberán afectar su salud o comportamiento. 3000 – 5000 ppm es satisfactorio pero posiblemente causará diarreas temporales, o ser rehusada al principio, por animales no acostumbrados
5000 – 7000 ppm. Este nivel puede ser utilizado con una seguridad razonable para ganado lechero y de carne, ovinos, porcinos y caballos. Se recomienda, evitar su uso en animales gestantes o lactantes.
Con 7000 - 10000 ppm de salinidad, Se corren riesgos considerables al usarse en vacas gestantes y lactantes, caballos, ovinos y en los animales jóvenes de estas especies;

en general, debe evitarse su uso. (Tomado de: NRC, Nutrients and Toxic Substances in Water for Livestock)

Nitratos y nitritos: son solubles en agua y pueden ser infiltrados a los reservorios de agua. Niveles de 100 ppm no causan ningún problema al ganado. De 100 a 300 ppm no debe ser un problema para el ganado, pero se debe tener cuidado con efectos adictivos, cuando los animales son expuestos a alimentos que contienen niveles crecientes de nitratos.

Microorganismos: Las fuentes de agua sin la debida protección pueden contaminarse con microorganismos productores de enfermedades; las más importantes son las bacterias Salmonella sp. Leptospira sp., Cryptosporidia y algas verde-azul. Mantenga el ganado alejado del agua contaminada que no ha sido adecuadamente oxigenada. En ocasiones, algunos reservorios de agua pueden tener problemas con el crecimiento de algas como resultado de la carga de nutrientes contenidos en el agua. Se debe evitar su uso, debido a que algunas especies pueden producir toxinas que afectan a los animales.

Para controlar las algas en tanques de almacenamiento, reduzca la contaminación del agua introducida y excluya la luz solar.

Se puede desinfectar el agua del tanque de almacenamiento adicionando 5 ml de cloro por cada 100 litros de agua, manteniéndola por 12 horas antes de drenarla o vaciar el tanque, después de lo cual puede volver a llenar el mismo. Este proceso de desinfección con cloro también elimina ciertas bacterias.

Son cantidades aceptables: Aluminio 5.0, Arsénico 0.20, Boro 5.0, Cadmio 0.05, Cloro 1.0, Cobalto 1.00, Cobre 0.50, Mercurio 0.01, Nitratos 100.0, Nitritos 10.0, Plomo 0.10, Selenio 0.05, Vanadio 0.10, Zinc 25.0.

El plomo es acumulativo y los problemas pueden empezar cuando haya valores superiores de 0.05 mg/litro.

Se recomienda hacer un análisis de laboratorio para verificar que el agua esté libre de contaminantes, en un laboratorio especializado, quien indicará las propiedades físicas, químicas y biológicas de la muestra del agua.

Para la toma de la Muestra: 1 a 2 litros de agua en un frasco de vidrio limpio y estéril, directamente de la fuente de agua, de tal manera que sea representativa, por lo que se tomará después de operar el pozo por unas 4 o 5 horas que garantice que no haya acumulación de partículas o sales en suspensión. Cuando se desea tomar una muestra de agua de una represa, deberá hacerse agua adentro; no de la orilla.

Los pozos son una fuente común de agua para el ganado; deben de tener una capacidad mínima de 19 litros por minuto, a menos que se utilicen tanques grandes de almacenamiento.

Se pueden utilizar diferentes fuentes de poder para sacar el agua a la superficie. Los molinos de viento han suministrado agua por más de un siglo, aunque el diseño básico ha cambiado muy poco; su uso ha resurgido en los últimos 15 años; se utilizan en áreas donde otras fuentes de poder no son posibles o son caras.

Sus ventajas son: 1) La fuerza es suministrada por el viento, el cual generalmente está disponible; 2) Puede operar en áreas remotas, seguido con un mínimo mantenimiento.

Las desventajas son: 1) Costo inicial relativamente alto; 2) Los costos de mantenimiento pueden ser altos en algunos casos; 3) Si no hay suficiente viento por un período largo de tiempo, la seguridad de agua para el ganado se compromete, por lo que es necesario construir un tanque de almacenamiento lo suficientemente grande que son tan o más costosos que el molino de viento.

Las bombas impulsadas por energía solar es otra opción. Los paneles solares han sido diseñadas para impulsar bombas de bajo volumen pero capaces de levantar agua desde pozos tan profundos como 60 metros. El uso de bombas impulsadas por energía solar se debe considerar donde la electricidad no está disponible o donde los molinos de viento no son económicamente posibles.

Las bombas de bajo volumen, de impulso solar son una herramienta versátil para el manejo del pastoreo. La selección y uso de estas bombas dependerán de la profundidad del pozo. Para pozos poco profundos, se utiliza normalmente una bomba centrífuga pequeña de bajo voltaje. El panel solar es montado arriba de la unidad ya sea para cargar una batería o impulsar la bomba directamente. La unidad puede ser para un flujo continuo o controlado.

Pozos hasta 60 metros usan normalmente una bomba de diafragma de 12 o 24 voltios instalada de una manera similar a las bombas eléctricas sumergibles.

Ventajas: 1) Permite la utilización de agua donde la topografía no permite el flujo por gravedad y otras fuentes de poder no son prácticas. 2) Permite el desarrollo de aguajes o puntos húmedos para uso ganadero. 3) El diseño de un flujo controlado permite un uso eficiente de cantidades limitadas de agua. 4) El panel solar y la bomba pueden ser usados en más de una localidad para reducir costos. Desventajas: 1) Costo inicial alto. 2) Requiere de un mantenimiento regular para asegurar una operación segura. 3) Volumen limitado. 4) La habilidad de bombear agua en tiempo nubloso puede estar limitado, dependiendo en la capacidad de la batería o tamaño del tanque; en el trópico esto ni es una limitante.

Los bebederos pueden ser de hasta 6 metros de diámetro, mientras que los tanques de almacenamiento pueden ser de hasta 20 metros de diámetro. Ventajas: 1) El agua puede ser colocada, en sitio, para beneficiar el manejo del pastoreo. 2) Un suministro adecuado de agua puede ser posible donde otras fuentes de agua no son posibles.

Para proteger el bebedero y proporcionar una superficie estable para los animales, es recomendable construir un área de gravarena de 30 centímetros de profundidad y 3.5 metros alrededor del perímetro del bebedero.

Pastos a sembrar.

En principio, ningún pasto se debe sembrar o sustituir una especie por otra. Primero se debe construir el módulo e implementar el pastoreo racional y comenzar a rotar y permitir identificar el verdadero potencial forrajero de las especies que existen en el momento, puesto que son las que se han adaptado. Solo así se determinará la necesidad de introducir especies mejoradas, pues a veces sin haber sembrado ninguna especie mejorada, aparecen espontáneamente en el potrero, descubriéndose la pradera polifítica, es decir, de múltiples especies y géneros nativos, que permiten aumentar la capacidad de carga, sin necesidad de gastar dinero en resembrar (semillas, herbicidas, arados y maquinaria) Sobrará quien argumente que lo nativo no podrá mantener altas cargas, porque el mercado está plagado de semillas, agroquímicos y maquinaria que hay que vender.

Cuando la especie existente persiste después del tercer pastoreo en línea, las semillas que germinan tendrán un ritmo de crecimiento bajo, ya que crecen a la sombra del tapiz, todo lo cual impide ser arrancada de raíz, pero el efecto bosta orina y demás fertilizadores naturales permanentes, van mejorando la fertilidad del suelo.

Cuando el área donde se va a construir el módulo, no posee ninguna especie de pasto se deberá elegir una variedad de acuerdo a la calidad de suelo y clima.

Puede elegir las Brachiarias y Bermudas (Cynodon dactylon) como la grama, gigante. Cruza II, santo Domingo, Tifton 68 y otros. No se debe mezclar las especies, Se debe averiguar las que se adaptan a la región, averiguar si combinan unas con otras. No todas las mezclas de gramíneas son convenientes.

Las brachiarias con sus más de 100 especies, son resistentes a la sequía debido a que poseen un sistema radicular más extenso y profundo, algunas resisten las inundaciones temporales. Se adaptan bien a las condiciones de suelos ácidos e infértiles, con altos contenidos de hierro y aluminio debido a las siguientes características: su desarrollo vegetativo es a expensas de la parte vegetativa y no de semillas, toman y usan nitrógeno como NH_3 y como NH_4, a través de asociaciones, fijación, de fósforo a través de asociaciones con micorrizas vesiculares y el calcio a través de raíces profusamente ramificadas con muchos puntos de crecimiento (Bernal 2003)

También son apropiadas para ciertos suelos y climas las gramíneas como las llamadas guineas Tanzania, Mombasa, indian, y otras del género panicum maximum que son macollantes, pero que dejan espacios desnudos entre macollas, que idealmente deben ser cubiertos por leguminosas de piso.

A nivel mundial, las zonas secas representan aproximadamente un 40 % del total de la superficie terrestre. En estas zonas se observa la introducción exitosa de especies del género Cynodon, debido a su excelente adaptación a las condiciones agroclimáticas. Estas especies están representadas por variedades de Bermudas (Cynodon dactylon), entre las cuales destacan: bermuda Gigante, bermuda cruzada 1 y 2, bermuda Tifton 68, ampliamente cultivadas para la producción principalmente de pacas de heno y para sembrar los potreros para los terneros predestete.

Las Bermudas requieren de suelos fértiles con buena suplencia de agua y nutrientes para mantener una alta productividad, por tanto, buenas para sistemas de riego por aspersión; por lo contrario, las brachiarias son más resistentes a la sequía y se adaptan a suelos de menor fertilidad, salinos o no. Destaca entre ellos el Mulato II (Brachiaria híbrido CIAT 36087); Es un híbrido proveniente del cruce de Brachiaria ruziziensis clon 44-6 x Brachiaria brizantha CIAT 6297.

Existe una excelente asociación de algunas brachiarias con el Maní forrajero (Arachis pintoi) que es una leguminosa rastrera de gran importancia forrajera para los trópicos, debido a su alto potencial de rendimiento de forrajes y se utiliza para mejorar suelos y praderas degradadas. Esta asociación con algunas de las especies del género Brachiaria, es considerada una de las mejores opciones para el pastoreo, tanto por su adaptabilidad a suelos de baja fertilidad en las regiones tropicales, como por tener un alto rendimiento y una calidad nutritiva aceptable.

Otra buena asociación para las gramíneas, es con el Stylosanthes capitata. En este caso, puede sembrarse el Mulato en surcos a chorro corrido, a 80 cm entre surcos y la leguminosa entre los surcos. Algunos han enterrado cintas de riego al lado de los surcos, método que a la larga es más económico que el riego por aspersión, en cuanto a construcción, equipos y al ahorro en mano de obra que implica el cambio de aspersores.

Sustitución económica de pastos sin arados.

Se llama tapiz a la vegetación que tiene el terreno o finca, por naturaleza, pasto nativo con algunas malezas incluidas. En potreros con poco pasto, se puede resembrar sobre el tapiz existente, después de la primera vuelta de pastoreo, haciéndolo a la salida de los animales del potrero de la siguiente forma:

1) depositar la semilla sobre la bosta fresca del ganado, también a la salida del potrero.

2) La más económica y natural de todas las formas de resiembra consiste en mezclar la semilla con las sales minerales o con melaza de caña, para que el ganado

se la coma y la esparza gratuitamente, junto a la bosta, que le sirve de abono. Es importante no pastorear ese potrero resembrado antes de un tiempo prudencial de espera a que el nuevo pasto esté en condiciones de pastorearse. Con el tiempo, la nueva especie introducida se hará cargo o adaptará a la convivencia con otras especies.

Control de arvenses o malezas mediante el PRV.

En el PRV las altas cargas instantáneas entre 200 a 400 ua/ha/día, los bovinos abandonan su hábito selectivo y se convierten en devoradores del pastizal; se torna altamente competitivo, consumiendo plantas que habitualmente no consumía, aumentando la ingesta de nutrientes que mejoran su producción, y que en PRV se denominan herbáceas, arvenses o indicadoras, las cuales no requerirán herbicidas para su control.

No es verdad que la eliminación de las llamadas malezas sea garantía de mayor producción de forraje. Eliminar las herbáceas o arvenses, no significa que será sustituido este lugar por nuevas plantas de forrajeras. Es importante entender que la planta llamada maleza o plaga, no mata el forraje. El pastizal muere por mal manejo y el suelo es ocupado por las herbáceas. Otro mito muy común y utilizado por los vendedores de herbicidas; se refiere a la competencia por agua luz y nutrientes, que las malezas realizan al forraje; es justamente a la sombra de árboles que las plantas forrajeras presentan mejor calidad y mayor abundancia. ¿Dónde está la competencia entonces? En los parques urbanos donde no hay ganado el fenómeno se repite; la verdad es que el uso de herbicidas en pastizales, no conduce a un aumento de producción por área; en los dos primeros pastoreos o ciclos de pastoreo, el potrero no va quedar totalmente libre de herbáceas; requiere tiempo y buen manejo ajustado a la buena práctica del PRV. Normalmente tomará de uno a dos años, mientras tanto el macaneo o macheteo podría utilizarse al principio.

Por ejemplo, una planta como la escobilla o escoba dura (Sida sacuta) que en algunas zonas se considera plaga (debido al mal manejo del pastizal) le gusta al ganado y con altas cargas instantáneas, la come también; desaparece con el tiempo, puesto que su periodo de maduración, al igual que muchas herbáceas, es más lento que las gramíneas, que terminan por limitar su acceso a la luz solar. El potencial forrajero de las mal llamadas malezas se ha comenzado a investigar con detenimiento. El control manual comienza a realizarse después de 3 pastoreos o ciclos de rotación en línea; entre 10 a 15 días de consumido o pastoreado el potrero, se ingresa con el personal a machetear; un operario puede machetear los arvenses de 2.5 ha en 1 día, cortando a ras los indicadores. Esto permite que el pasto siga creciendo. Puede ser también el mismo pastor, macheteando potreros pastoreados 20 días atrás.

En conclusión: no usar herbicidas, fertilizantes, arados, tractores, rolos, cortadoras guadañadoras, aspersores de fertilizantes y herbicidas, así como el dinero que implica tanto la adquisición, como su aplicación.

Los ganaderos afirman ser productores de leche, de carne o de crías. Realmente son productores de forraje, que venden, convertido en leche carne y toros; por tanto el cuidado proporcionado al pastizal, debe ser similar al suministrado a los animales, visto como un todo inseparable.

Análisis de suelo y del pasto.

Antes de establecer el sistema de pastoreo, se debe realizar un análisis de suelo, que denunciará las deficiencias del mismo, para seleccionar la especie a sembrar y un análisis bromatológico del pasto, ayudará la formulación de la mezcla mineral para el ganado a pastorear. El análisis de suelo debe repetirse periódicamente, para monitorear el progreso de la fertilidad del suelo. Resultará una herramienta muy útil para la toma de decisiones.

Características del Pastoreo racional Voisin (PRV).

El PRV debe instalarse por completo en una finca, para poder obtener todos sus beneficios y lograr un éxito rotundo.

La siguiente, es una descripción de Michael Rúa Franco, sobre un Módulo de Pastoreo Voisin; es un resumen de la propuesta original de André Voisin fortalecida por el Ing. Agrónomo Luis Carlos Pinheiro: investigador y ganadero que por más de 50 años, ha trabajado con sistemas de PRV en Brasil y Argentina.

Para que un proyecto PRV sea merecedor de denominarse como tal, debe reunir todos los siguientes requisitos:

a. Todo programa de PRV inicia con un proyecto que servirá como mapa de ruta. Hacer antes: plano detallado, aforo de potreros y cronograma de pastoreo.

b. Garantizar que se cumpla cabalmente la ley universal del reposo, expresado en la cantidad de días de descanso, a fin de ofrecer el pasto, en su mejor condición nutritiva.

c. La cosecha del pasto por el ganado debe ocurrir siempre en el Punto Óptimo de Reposo (P.O.R.) no antes ni después.

d. Si se disminuyen los días de reposo acortando el descanso del pasto y en consecuencia, se acelera la rotación, el ganado consumirá en cada pastoreo un pasto más joven y menos nutritivo, que conduce al agotamiento y exterminación del pastizal.

e. Garantizar que se cumpla cabalmente la ley universal de ocupación. Todo PRV debe poder mantener en cada rotación al menos dos grupos de ganado; los potreros deben pastorearse a fondo, hasta 3 a 5 cm de altura para garantizar que se cumpla también la ley universal de rendimientos máximos.

f. Garantizar que se cumpla cabalmente la ley universal del requerimiento regular mediante la oferta a los animales de los potreros en el Punto Óptimo de Reposo.

g. Debe ser un programa absolutamente limpio, orgánico y ecológico, sin uso de ivermectinas, herbicidas, insecticidas, fertilizantes químicos, entre otros.

h. Debe respetarse de forma absoluta la fisiología vegetal de las plantas (pastos árboles y arbustos). Mediante la arborización y la conservación de algunas especies autóctonas.

i. Debe fomentarse siempre la ocurrencia de la Trofobosis natural, es decir, la salud de los microorganismos del suelo, que lo mantienen vivo y fértil (teoría que plantea la premisa de que una planta sana bien nutrida, no es atacada por plagas).mediante la anulación del uso de agrotóxicos.

j. Debe fomentarse siempre la ocurrencia del Ciclo del Etileno; nunca se debe romper el suelo con arados y rastras, una vez establecido el pastoreo rotativo.

k. Debe fomentarse siempre la proliferación de organismos vivos en el suelo (Biocenosis) mediante rotación, y presencia de árboles preferiblemente leguminosos maderables que fructifican.

l. Debe garantizarse siempre el bienestar animal. No deben ocurrir situaciones de estrés, (agua fresca, sombra y manejo calmado)

m. Debe haber al menos un pastor o arreador, comandando el programa; éste es un operario dedicado a comandar el pastoreo del ganado, movilizándolo de un potrero a otro.

n. El agua debe ir al ganado y no el ganado en busca del agua, por lo tanto, debe haber agua fresca y limpia permanentemente en cada potrero, así como en el sombreadero, vaquera y corral de salida del ordeño. Los bovinos beben agua en todas esas áreas, varias veces al día.

o. El PRV es por naturaleza, un sistema pastoril y ecológico, en el cual el componente arbóreo juega un papel fundamental, de manera que en cada potrero debe disponer de algunos árboles, los cuales no sólo beneficiará al ganado sino también creará un microambiente favorable para los microorganismos benéficos del suelo, protegiéndolos de la radiación solar directa.

p. Cuando los potreros carecen de sombra, es imprescindible diseñar y construir Sombreadores con varias especies leguminosas arbóreas; mientras crecen los árboles en el sombreador o área de ocio se puede utilizar redes de maya poli sombra. Estos son algunos de los requisitos más importantes, más no todos.

Alguna vez se encontrará potreros con 120 días de reposo, durante la época seca, cuyo crecimiento y signos de madurez se han detenido, pero que deben ser pastoreados a fondo, para estimular el rebrote; las raíces habrán acumulado suficientes reservas para el rebrote

Estabulación y semi estabulación prácticas no rentables en el trópico.

Los mayores exportadores de carne de Suramérica, , están implementando aceleradamente la tecnología del Pastoreo Racional Voisin (PRV) debido a que ésta, resultó ser 10 veces más rentable que la estabulación de animales de diferentes cruzamientos, obteniendo una ganancia muy superior, comparativamente al escaso margen de lucro real, por cada bovino estabulado, sin descontar los intereses de capital invertido y depreciación de máquinas, cosechadoras, establos, fabricación de raciones, mezcladores, vagones forrajeros, tratamiento del estiércol de corral, efluentes y mano de obra para mantener el negocio funcionando durante 6 meses o todo el año, con dos raciones diarias, Los cuales representan altos costos, comparativamente, ante la buena práctica del PRV.

No existe una mejor y más eficiente cortadora que el pastoreo directo del pastizal, lo cual deja además, toneladas de abono eficiente y homogéneamente esparcido en el suelo. El pasto cortado con cosechadora o por el diente del animal tiene el mismo valor nutritivo.

Un significativo porcentaje de los granos cultivados en el mundo, está destinado a la alimentación de bovinos en confinamiento o estabulación, cuyo sistema gastro intestinal está diseñado evolutivamente para digerir y procesar pastos eficientemente. El PRV rescatará una notable porción de estos granos para mitigar el hambre de humanos, que en algunos países ha llegado a límites alarmantes. Incluso, una buena parte de la producción de cerdos podría manejarse bajo pastoreo.

Aunque la carga animal es limitada en el PRV, está calculada en 5 a 7 UA/Ha, lo cual equivale entre 2.500 y 3.500 kilos de ganado en pie sobre una ha/año; esta carga animal equivale a una carga instantánea de entre 200 y 400 reses por Ha/día, método de producción que puede llamarse confinamiento a potrero, por los reducidos tamaños de los mismos, sin alterar el bienestar animal.

Hacer un "Confinamiento a Potrero" requiere muchísimo menos esfuerzo, costo e inversión que una estabulación; además, se garantiza a los animales un ambiente más natural y una mejor contribución al medio ambiente, con el cual estaríamos siendo responsables.

La estabulación es un buen negocio, pero, solo se justifica cuando el terreno no pueda ser pastoreado, y la comida haya que almacenarla y racionarla para ofrecerla al ganado en establos. Mientras se pueda hacer pastoreo, nunca será mejor encerrar al ganado que hacerlo pastorear.

Han terminado los días en que era más fácil, teníamos las divisas para hacerlo, copiar la forma norteamericana y europea de producir leche y carne bovina, que en esas latitudes practican, debido los crudos inviernos que los obligan a encerrar sus animales en establos, alimentados con granos cosechados en los meses benignos, lo cual requiere un gran esfuerzo y costosa inversión. Debemos aprovechar el prodigioso y exuberante clima tropical en el que vivimos y agradecer esa bendición aplicando normas y métodos de producción tan naturales como el PRV.

Normas para el manejo del Pastoreo Racional Voisin.

El lote de animales a pastorear debe ser introducido todo al mismo tiempo en el mismo horario, en el potrero, para evitar pérdidas por pisoteo, o aplastamiento del forraje. Con este sistema no hay desperdicio. Cada animal tendrá un espacio aproximado de 20 m^2 y no permanecerá más de cuatro horas comiendo en el potrero, durante las mañanas, tiempo después del cual comienzan a acostarse. En ese momento, algunos animales comienzan a dirigirse al sombreador o corral de espera, que en algunas fincas, posee comederos individuales para suministrar raciones minerales, antes del ordeño.

Después del ordeño vespertino, a las vacas se les ofrecerá un nuevo potrero hasta las 3 am, cuando serán arreadas para su ordeño de la madrugada. Al siguiente día, ese mismo potrero será ocupado por los animales que conforman el segundo lote (seguidoras)

Cronograma de pastoreo eficiente.

Se debe establecer un cronograma sobre el plano ampliado a lápiz, para que administrador y pastor puedan comandar el pastoreo anotando fecha, producción de leche y mm de lluvia. Para saber cuántos animales soporta el módulo, es necesario aforar los potreros.

Cálculo de la Capacidad de Carga del pastizal

La capacidad de carga de un potrero es la cantidad de animales que el pasto contenido en un potrero, puede alimentar en un día, expresada en kg de pasto disponible o cantidad de raciones alimenticias por UA/ha.

Aforo de potreros.

Fuente: Michael de la Rúa, de cultura empresarial ganadera, en la revista Prosegan, Colombia. Resumen.

Para el cálculo de la oferta y consumo de pasto, se deberá aforar los potreros al menos una vez al año, para medir su capacidad de carga y ajustar la misma. Para este cálculo, se debe tomar en cuenta, un consumo de forraje equivalente al 12 % del peso vivo de los animales a pastorear.

El aforo es el cálculo del total de kg de materia verde (MV) que produce un potrero, pesando aleatoriamente varias veces en diferentes puntos del terreno lo producido en un m^2 de área (Kg/$m^{2)}$ para determinar la *capacidad de* sustentación *o carga animal a pastorear.* Consiste en cortar a ras y pesar el pasto contenido en 1 m^2 de potrero, dentro de un marco que se construye con 4 m de tubo pvc y 4 codos, lanzado al azar en varios puntos del potrero.

Ejemplo: supongamos que en el aforo de un potrero, se han tomado 10 muestras cuyos valores en Kg/m^2 son 1.0, 1.3, 1.0, 1.1, 1.1, 1.2, 1.5, 1.5, 4.5, 5.0, cuya suma totaliza 19.2 Kg que divididos entre 10 muestras promedia 1.92 Kg/m^2. Nótese que 8 de las 10 muestras (80 % de ellas) tiene peso igual o por debajo de 1.5 Kg, y apenas un 20 % registran pesos superiores a 4.5 Kg/m^2.

La mayoría de los valores están por debajo de 1.5 Kg. Sin embargo, el promedio es 1.92 Kg, un valor muy alto que no puede considerarse como representativo de la población.

Tomemos el valor más alto del 80% de la población que presenta los valores de peso más bajos, que es precisamente 1.5 Kg/m^2, y comparémoslo con el promedio obtenido que es de 1.92 Kg/m^2. Sacando la diferencia entre estos dos valores, tenemos apenas 0.42 Kg/m^2, es decir, 420 gramos por m^2; para un desprevenido podría parecer insignificante.

Sin embargo, el aforo es apenas una pequeña muestra que representa a una población mucho mayor, si la muestra se ha tomado para estimar la producción total de forraje de un predio de 10 H a.

Si una Ha mide 10.000 m^2, entonces el aforo de 1.5 Kg/m^2 en 10 Ha, equivale a 150.000 Kg (150 toneladas), mientras el aforo de 1.92 Kg/m2 en 10 Ha equivale a 192.000 Kg (192 toneladas) La diferencia entre ambos aforos es de 42 toneladas de forraje, alimento suficiente para más de 600 UA, en un solo día de pastoreo (carga instantánea) o para 12 UA al año. Esto evidencia lo impreciso que puede resultar un promedio afectado por valores extremos.

Un aforo es más confiable en cuanto mayor número de muestras se puedan obtener en el área muestreada, pero además, se deberá aplicar no un simple promedio aritmético sino un promedio ponderado, El método de doble muestreo, el más usado en el mundo es el mejor.

A continuación su descripción:

1. Calificar los niveles de crecimiento.

Un pastizal nunca crece de manera homogénea; siempre hay diferencias de altura debido a que el suelo como organismo vivo, en constante interacción con su entorno, va cambiando en cada ciclo de desarrollo del potrero. Se debe tener una vista panorámica en el horizonte del potrero, para determinar en qué puntos está ocurriendo un mayor crecimiento, un crecimiento medio y un crecimiento bajo.

No siempre ocurren los tres niveles de la escala; puede existir uno o dos niveles de crecimiento. Es muy normal que en un terreno de pastoreo donde el pastizal está degradado, solo se presente un crecimiento bajo (por debajo de 1 Kg/m^2), así como un pastizal que ha sido sembrado recientemente, con toda la técnica del caso y que no ha sido pastoreado previo al aforo, se presente un nivel de crecimiento alto (superior a 3 Kg/m^2).

Cuando un pastizal ha sido manejado controladamente, pero el clima no es del todo favorable ni tampoco es adverso, es probable que el crecimiento sea limitado pero aceptable; entonces no hay ni altos, ni bajos sino un nivel medio.

2. Ubicar puntos para muestreo.

Los puntos de muestreo serán elegidos aleatoriamente. En los métodos de aforo en cruz, o en zig zag está la ventaja que no hay manera de elegir dónde hacer el aforo, sino que donde se da el paso allí se arroja el marco de aforo.

Con base en los niveles de crecimiento observados durante el recorrido, elige al menos tres puntos diferentes, lo más distantes posible uno del otro por cada nivel de crecimiento, totalizando nueve (9) sub muestras en tres niveles de crecimiento, seis (6) sub muestras cuando se presenten solo dos niveles, y con menos frecuencia tres (3) sub muestras cuando se presenta un solo nivel de crecimiento. Así se reducen las posibilidades de error, dado que por cada sub muestra hay tres repeticiones.

3. Colocar marco de aforo, delimitar el área y cortar la muestra.

Descargar el marco de aforo sobre el suelo y realice una óptima delimitación del área de muestreo, el evaluador debe inclinarse y retirar cuidadosamente del interior del marco de aforo todo aquel material vegetal cuya base y sus raíces están afuera del marco de aforo. Realice un corte a ras de suelo de todo el material vegetal que queda en interior del marco obteniendo así la muestra.

El aforo se hará a 5 cm del suelo sin necesidad de descontar ninguna pérdida, puesto que es igual a la cantidad de forraje que consume el ganado al pastorear. La mejor referencia es la del pasto remanente.

Los aforos no sólo se hacen previo al ingreso de ganado a los potreros, también se hacen a su salida, para evaluar bien el ajuste de la carga animal.

El mejor momento para realizar los aforos son: máximo un día antes de ingresar el ganado al potrero, entre 1 y 4 p.m. para evitar que la humedad de la noche y la mañana que impregna las hojas y tallos (rocío) influya en los pesos de la muestra. El segundo aforo un día después de retirar al ganado del potrero, idealmente el mismo día que salen (aforo pos pastoreo), también en horas de la tarde.

El evaluador obtendrá solo dos datos; el primero que representa la producción total de pasto en cada potrero (aforo pre pastoreo) y el segundo que representa el residuo con los cuales se calcula cuánto pasto queda como remanente; el mismo, incluye el desperdicio. Se realizará después del pastoreo del segundo o tercer lote, en el potrero.

En realidad nada del material vegetal se pierde, pues o lo aprovecha el ganado o lo aprovecha el suelo y su microbiota que descomponen la materia orgánica acumulada en la capa superficial del suelo.

El procedimiento para hacer ambos aforos es exactamente el mismo, solo hay que considerar que posiblemente el aforo pos pastoreo requiere de una escala de calificación (primer paso del aforo) más desigual ya que el ganado no consume el pasto por parejo, entonces no será tan fácil establecer pocas alturas.

4. Pesar la muestra.

Se pesa cada muestra, y los resultados se registran en una planilla de aforos, para luego en oficina, realizar los cálculos matemáticos de la ponderación y de extrapolación a las unidades de área aforada.

Se requiere los siguientes implementos: Un marco de aforo de un metro cuadrado (1 m²), cuchillo, machete, o tijeras de jardinería bien afilados, un saco donde se colocará el pasto cortado para pesarlo, y una balanza con gancho, ya que las muestras se deben pesar de inmediato, tras el corte. Luego, ponderar los valores para obtener un solo valor promedio de aforo, mediante ese ajuste estadístico, para que el resultado final sea un dato confiable para proceder a la planificación del pastoreo.

PLANILLA DE AFOROS PREPASTOREO. Ejemplo.					
Nombre de la finca:					
Identificación del potrero: P-8					
Área del potrero: 3,1 Ha (31.000 m²)					
FECHA	HORA	SUBMUESTRA N°	PESO (gr)	NIVEL DE CRECIMIENTO	PORCENTAJE POR NIVEL

Julio 10 de 2010	2:35 pm	1		600	Bajo (NB)	35%
Julio 10 de 2010	2:45 pm	2		1300	Medio (NM)	50%
Julio 10 de 2010	2:55 pm	3		700	Bajo (NB)	35%
Julio 10 de 2010	3:05 pm	4		550	Bajo (NB)	35%
Julio 10 de 2010	3:15 pm	5		1450	Medio (NM)	50%
Julio 10 de 2010	3:25 pm	6		3100	Alto (NA)	15%
Julio 10 de 2010	3:35 pm	7		3,050	Alto (NA)	15 %

Julio 10 de 2010	3:45 pm	8	2,000	Medio (NM)	50 %
Julio 10 de 2010	3:55 pm	9	3,500	Alto (NA)	15 %
Totales		9 muestras	16.250 gr	---	100 %
Promedios	---		1.805,6 gr	---	---

Nótese que se tomaron 3 muestras por nivel de crecimiento con sus respectivos pesos.

Cálculo del promedio ponderado de la siguiente manera:

$\sum$ Pesos de muestras (NB): 600 + 700 + 550 = 1.850 gr

$\sum$ Pesos de muestras (NM): 1300 + 1450 + 2000 = 4.750 gr

$\sum$ Pesos de muestras (NA): 3100 + 3050 + 3500 = 9.650 gr

Promedio aritmético (NB): 1.850 gr ÷ 3 muestras = 616,7 gr

Promedio aritmético (NM): 4.750 gr ÷ 3 muestras = 1.583,3 gr

Promedio aritmético (NA): 9.650 gr ÷ 3 muestras = 3.216,7 gr

Promedio ponderado (NB): 616,7 gr x 35% = 215,8 gr

Promedio ponderado (NM): 1583,3 gr x 50% = 791,7 gr

Promedio ponderado (NA): 3.216,7 gr x 35% = 482,5 gr

Promedio ponderado de la muestra: sumatoria de los promedios ponderados por nivel de crecimiento

Promedio ponderado de la muestra: 215,8 gr + 791,7 gr + 482,5 gr = 1490 gr (1,49 Kg/m^2)

Producción total de forraje en el potrero P8: 1,49 Kg/m^2 x 31.000 m^2 = 46.190 Kg (46,19 Ton)

Producción de forraje por Ha: 46.190 Kg ÷ 3,1 Ha = 14.900 Kg

Se ha calculado este dato final para mostrar la manera como se deduce la producción de forraje por hectárea, en el ejercicio del ejemplo, pero, se debe tener en cuenta que esto se hace sólo, cuando se tienen aforados todos los potreros de la finca, porque si se hace para cada potrero, se comete un error de procedimiento, ya que la producción por hectárea debe deducirse de la producción total y no de la producción por potrero.

En caso contrario, cada potrero mostrará una producción por Ha diferente, según el potencial productivo de cada potrero.

La producción total de forraje de un predio se denomina "base forrajera" del predio ganadero.

Planificación del pastoreo y carga animal.

El desperdicio habitual de forraje en pastoreo extensivo tradicional convencional está entre 50 y 60 % del total producido en los potreros. En PRV, Se ha logrado disminuir el desperdicio hasta 10 y 5 %.Pero comience calculando un desperdicio del 20 %.

El desperdicio de forraje será más alto en la medida que mayor sea la altura a la que quede el remanente, Si el aforo se midió justo antes de ingresar el ganado al pastoreo, esto significa que después de cada reposo pos pastoreo se producen aproximadamente. 1,49 Kg/m2; la producción va aumentar después de cada pastoreo.

Para una planificación se asume como si siempre fuera la misma, ya que no se debe hacer una planificación después de cada pastoreo, sino una sola planificación definitiva, pero, se requiere determinar aproximadamente cada cuanto tiempo se producen estos 1,49 Kg/m^2 de pasto. Se recomienda entonces, trabajar con el aforo más bajo del año, que se supone es el que se presenta en las épocas de más intensa sequía; aun cuando se cuente con riego permanente, durante la época de lluvias se produce mayor cantidad de MV /ha, debido al efecto nitrogenante de la lluvia.

Cálculo del consumo de forraje diario.

El ganado consume 12 Kg de pasto fresco por cada 100 Kg de peso corporal (12% de su peso), durante el pastoreo.

Los cálculos de consumo de pasto fresco deben realizarse con base en unidades animales,

Cantidad de animales por ha:

El límite está entre 6 y 7 UA/Ha (equivale a entre 3.000 y 3.500 Kg/ha y/o a entre 200 y 400 reses por hectárea de carga instantánea diaria. Esta carga permanecerá en adelante, estable. Y lo que se hace es manejar los tiempos de pastoreo; se dejará el ganado unas horas más o unas horas menos en cada potrero; así es como se puede manejar el aforo para no tener que estar cambiando la carga.

Frecuencia de los aforos.

Para la planificación correcta, debe aforar como mínimo dos veces al año: en las épocas de escasez y en las de abundancia de lluvia, para conocer con precisión como varía la productividad de forraje a lo largo del año, y así poder planificar anticipadamente el pastoreo.

En la medida en que se practiquen los aforos con más frecuencia, la planificación del pastoreo será más exacta, y por consiguiente, la productividad del ganado será mucho mejor de lo esperado.

Consumo diario de forraje de un rebaño común;

Ejemplo

Rebaño	Cantidad	Peso/kg promedio	12 % del Peso	Total kg Consumo
Vacas en producción	150	450	54	8.100
Vacas secas	38	450	54	2.052
Novillas	28	370	45	1.260
Mautas	28	300	36	1.008
Becerros	150	106	12,7	1.905
Toros de repaso	4	550	66	264
Caballos	2	400	48	96
Total consumo kg/día de pasto				14.785

Se supone que cada potrero de 5.000 m^2 genere 4 kg de materia verde por m^2, descontado el desperdicio, ofertará 20.000 kg cada 30 días. Prácticamente sobran 5.215 kg, que proporcionarían 96 raciones para otras 96 UA, lo cual permitiría ajustar la carga animal, agregando más animales, pero para ello, es necesario aforar antes y después del pastoreo, tomando en cuenta que el pastizal debe estar consolidado.

Registro de producción de cada potrero.

Registra la cantidad de masa verde producido por cada potrero por medio de los aforos, pero no se debe basar solo en ese registrito de forma permanente, porque un mismo pasto, en un mismo potrero, bajo unas mismas "condiciones normales, cambia su aforo de una cosecha a la otra. Entonces las tablas tendrían que decir cuál fue el aforo de cada cosecha durante X cantidad de años, y aun así, como las condiciones atmosféricas y climáticas están cambiando a diario, y sumado a ello los efectos de Calentamiento Global, entonces las tablas si bien consignan información histórica (lo que ocurrió en el pasado) no predecirá lo que va a producir en el futuro. En realidad, el cálculo del número y tamaño de los potreros no incluye en su ecuación el aforo de cada pastizal; este solo servirá para ir ajustando las cargas animales, y lo tendrá que hacer cada ganadero en cada finca, al menos dos veces por año, en la medida que van cambiando los regímenes de lluvia, intensidad solar, arborización y aumento de la fertilidad del suelo.

Balance nutricional de dieta animal pos aforo.

Después de hacer el aforo del pastizal, es conveniente determinar los nutrientes y cantidad de estos, que ese pasto les aporta a los animales en pastoreo, mediante análisis bromatológico. Esa información se cruza con los requerimientos expresados en las tablas del NRC y se determina la diferencia entre lo que aporta el pasto y lo que el animal requiere, para poder cubrir las deficiencias con suplementos o raciones hechas en finca, sobre todo vacas de alta producción. Pero para mezclar materias primas, es conveniente la asesoría de un profesional experto en nutrición animal, lo que resulta complicado debido a la dificultad de encontrar de forma permanente, las materias primas para la mezcla.

Debido a esas dificultades, es cuando se hacen pertinentes los sistemas silvopastoriles ya que ellos ofrecen gramíneas y también leguminosas arbustivas o arbóreas que aportan nutrientes complementarios. Se debe suplementar mezclas o sales minerales comerciales, puesto que estas no tienen reemplazo en la naturaleza (De la Rúa M., 2014))

Flujo grama de pastoreo.

Para manejar eficientemente el sistema descrito, se debe diseñar el respectivo flujo grama de rotación de potreros. Para ello, es necesario que cada potrero posea un número identificativo, que estará inscrito en una placa metálica de 20 x 20 cm aproximadamente, cuyo color puede variar cuando la finca posea más de un módulo.

Este cronograma de pastoreo, como se mencionó antes, debe ser acuciosamente manejado por el "arreador" o pastor de la finca y el propietario o administrador.

Saltar potreros un arte necesario.

Se refiere a que el pastor o encargado de mover el ganado de un potrero a otro, no necesariamente lo trasladará al potrero contiguo; habrá potreros que estarán listos antes que otros, debido a las condiciones climatológicas imperantes en el momento en que fueron pastoreados en el ciclo anterior y otros factores, de manera que el pastor o el encargado de la finca, deberá determinar si un potrero debe "saltarse" o no, y esperar 1 o más días a que esté en mejores condiciones.

Se debe aplicar el raciocinio administrativo para no dejar pasar la pastura del punto óptimo de reposo (POR) y para ello simplemente se va haciendo el cambio hasta que el primer potrero usado o alguno de los primeros lo indique Suponiendo que el día 1 se utilizó el potrero 1 y el día 2 el potrero 2, y así sucesivamente hasta llegar al día 39, por ejemplo, donde el potrero 2 está nuevamente en su POR, pues, retornamos a dicho potrero con el ganado para pastorearlo y no dejar pasar el POR del potrero 2 y del que, al día siguiente, me indique. Así si posee 70 potreros por ejemplo, pues estarían sobrando 30 potreros. Aquí es donde se aplican las estrategias de cómo hacer para seguir aprovechando los siguientes POR de cada uno de los 30 siguientes potreros que no serán alojados por el mismo grupo de animales suponiendo que no se tiene más animales, las soluciones posibles serían:

1- Comprar otro lote de animales para usar esos 30 potreros

2-Vender el pasto a algún vecino que lo necesite para sus animales

3-Cortar con maquina un potrero al día o por lo menos no dejando pasar el POR de cada uno, y se almacena en silo o henificado.

4-No cortarlo para esperar que se sobre madure y semille con el fin de mejorar el establecimiento del pastizal.

5-cortar el forraje y dejar descomponer en el suelo como incorporación de materia orgánica. natural

Como se ve, hay muchas formas de programar las estrategias para el uso del forraje excedente, pero ojo porque hay un momento en el que se aproxima la época crítica y es allí cuando se debe, en lo posible, almacenar el excedente, por si se alarga el periodo crítico de sequía, pues se entiende que si se planificaron potreros para ese momento más crítico, podría no faltar forraje pastoreable, pero lo mejor es estar preparado para este cambio climático con una ventajita de comida de manera que los animales no pasen hambre en la época más seca.

Silo fácil y económico.

Se le llama silo de piso o montón. Para conservar el excedente de pasto en la época de lluvias y a la salida de estas, se compra polietileno grueso calibre 7 por ejemplo, que no sea fácil de romper, porque si algo lo perfora, el silo se pudre. Se extiende en el mismo potrero, en uno de sus bordes, previo a una limpieza de la superficie, luego con una segadora, se corta el forraje y se va colocando por capas, dejando libres los extremos del plástico, para poder cerrar el silo; cada capa puede rociar con un poco de agua con melaza, para favorecer la fermentación. Se debe compactar muy bien para que no quede aire y luego taparlo, traslapado con los bordes de plástico, estirándolo bien. Se le coloca objetos pesados arriba, para que no le entre aire y agua. Puede ensilarse parte de un potrero por día. Siempre se cosechará en el Punto Óptimo de Reposo, no antes ni después, como si lo hubiese cosechado el ganado.

Pastoreo de ultra alta densidad.

Es el pastoreo de pequeñas porciones de un pastizal, con altas cargas instantáneas, método en el cual, lotes de hasta 1.000 UA en engorde, pastorean por lapsos de 1 a 2 horas, tablones de 2.500 m^2, de manera que con el uso de cercas móviles de cinta o cuerda de polietileno, son movidos de lugar 3 a 4 veces por día, obligándolos a pastorear a ras. De esta manera se aprovecha hasta el 90 % del forraje, convirtiéndose en el método de aprovechamiento más eficiente. Johan Zietsman en Zimbabwe (www. Sustainable.co.za) Jaime Eliozondo Braun, en México, siguiendo el sistema propuesto por el biólogo Allan Savory, llevan más de 7 años utilizando el sistema, con vacas de la raza Mashona con sus crías, en grandes rebaños que emulan el sistema de pastoreo regenerativo, que de forma natural se mantiene en la pradera africana por millones de años, obligados a las manadas de herbívoros a mantenerse pastoreando juntos, debido a la presión ejercida por los predadores como leones, leopardos, hienas y otros, con la consecuente concentración de excretas, que asegura un vigoroso rebrote. Una vez que consumen el pasto en un área determinada, la manada se traslada y no vuelve al mismo sitio, hasta que el rebrote esté listo para consumir.

En este caso los depredadores han sido sustituidos por la cerca electrificada, que es movida constantemente.

También puede utilizarse el sistema en vacas en producción lechera. Jaime Eliozondo Braun, quien maneja lotes de hasta 500 vacas, con este método de pastoreo, en Estados Unidos y en México, en lotes de 0,3 ha, durante 1 hora, varias veces al día llegando a pastorear hasta 2.5 ha/día con ese rebaño.

En Estados unidos Greg Judy pastorea un rebaño de 1.500 animales en su pradera, lo que equivale a una carga instantánea de 1.000 UA/día/ha. En realidad, se les da el área requerida por día, pero en múltiples porciones de manera que el consumo del forraje es más eficiente porque no dejan planta sin pastorear; la calidad de la ingesta baja, pero la cantidad aumenta por la competencia. Esta es una manera de que todo el forraje que rebrote sea de calidad, pues a la siguiente rotación no habrá forraje viejo sin consumir. De esta manera aumenta la calidad y la cantidad de forraje; Cuando el potrero esté listo para volver a pastorear, serían solo rebrotes nuevos.

Al cabo de un año, con unas 6 a 8 rotaciones, la disponibilidad de forraje, será el doble y mejorará progresivamente, hasta alcanzar el Clímax de Pradera.

Este sistema no requiere de aforos previos, puesto que el

rebaño se va moviendo con la cerca móvil, a medida que van consumiendo toda la parcela a ras. Debe ser estrictamente vigilado este aspecto.

Esta forma de ganadería regenerativa de suelos degradados por la agricultura química, está llamada a ser un poderoso aliado para detener la desertización y el cambio climático, razón por la cual Allan Savory opina que podríamos legar a alcanzar niveles de Dióxido de carbono, similares a la era preindustrial.

Arborización de potreros.

Nuestros abuelos tenían en sus fincas árboles frutales y nativos dispersos en los potreros. El árbol es el eje de la tecnología ecuatorial. Casi toda la agricultura y ganadería deberían cubrirse con árboles. Se debe arborizar urgentemente los potreros, mejor si son leguminosos, maderables, que produzcan forraje, y frutos además. Los sistemas silvopastoriles producen entre 15 y 20 % más de leche y carne en regiones cuyas temperaturas están por encima de 27 °C. Por ejemplo el uso de Leucaena leucocephala, de usos múltiples en surcos simples o dobles en potreros de brachiarias y panicum a 6-8 m de separación entre surcos, produce excelentes beneficios productivos, reproductivos y de salud animal. Cuando adicionalmente sembramos cultivos de cobertura o de piso como el Maní forrajero (Arachis pintoi) o la alfalfa criolla (Stylosanthes capitata). Adicionalmente el beneficio a la fertilidad del suelo como aporte de materia orgánica, minerales y fijación de N. Todas las leguminosas viven en simbiosis con hongos micorrizas en sus raíces, obteniendo ambos un beneficio mutuo; el micelio del hongo, absorbe agua y nutrientes del suelo y los transfiere al árbol o al arbusto leguminoso, mientras que este, realiza la fotosíntesis en sus hojas y transfiere al hongo, azúcares, proteínas y vitaminas. No acaba aquí el mutualismo de las leguminosas; en las mismas raíces, entre la maraña de filamentos, del micelio de las micorrizas, viven proteobacterias fijadoras del nitrógeno atmosférico gratuito, que concentran en pequeños nódulos, abonando la tierra de una manera natural muy efectiva. Con esta inteligente estrategia las leguminosas pueden sobrevivir y ser dominantes en tierras muy pobres y secas, donde ningún otro árbol lo lograría.

Se debe establecer un vivero donde se fortalecerá la planta antes de ser incorporada al potrero, para reducir el tiempo que estará este, sin ser ocupado; de alguna manera es adelantar el trabajo. Los jóvenes árboles pueden ser cercados por un tiempo, con alambre con púas reciclado o con cercas electrificadas, colocadas a 1 metro de separación a ambos lados de la línea de árboles. Pueden sembrarse también, intercalados entre las cercas vivas arbustivas, para aprovechar la protección o alambrado de estas.

En los sistemas silvopastoriles, se puede llegar a establecer 100 o más árboles por ha, cuando se trata de árboles de fuste recto y alto, o hasta una cantidad que no cubra totalmente de sombra el pasto. Se usan diferentes arreglos silvo pastoriles. Los árboles de copa muy densa producen penumbra sobre el pastizal, limitando la fotosíntesis. Se debe conservar árboles que dejen filtrar los rayos del sol, como las leguminosas arbóreas descritas a continuación. Puede hacerse arreglos de líneas de árboles que dejan franjas libres de 20 ó 30 metros, en las cuales incidirá directamente el sol. Las líneas de árboles a sembrar deberán hacerse en la dirección del sol (Este Oeste)

Especies de árboles a sembrar en los potreros en el trópico.

Las especies ideales serían las leguminosas arbóreas, maderables, que proveen sombra, madera, frutos, forraje y fijación del nitrógeno atmosférico al suelo, mejorando su fertilidad,

Algunas leguminosas arbóreas maderables proveen frutos con alto contenido proteico y energético, tales como:

Samán (Samanea samán), conocido también como Árbol de la lluvia, Campano, Cenízaro. Tiene forma de un paraguas muy extenso, y es proverbial la extraordinaria extensión de las superficies que cubre ya que su copa llega a medir hasta 50 m^2 de diámetro; alcanza 30 m de altura, su tronco mide 1 m de siámetro a 10 años, utilidad 20 a 30 años, crece desde 0 hasta 800 MSNM, sus raíces son superficiales y es de larga vida; se reproduce por semilla. Es una planta forrajera (hojas y frutos) Sus semillas contenidas en la bosta de los rumiantes, germinan rápidamente en los pastizales. Sus frutos son vainas oscuras de 8 a 20 cm de largo, que Se utiliza como forrajera que se desprende sobre todo en época seca y es aprovechada por los animales en pastoreo.

Cañafístula (Cassia fistula) del griego fistula o tubo, debido a la forma de su fruto en forma de tubo alargado, que consumen animales y humanos; es conocida también como lluvia de oro, por sus flores amarillas; Alcanza de 6-20 m de altura muy ramificado y con un tronco de hasta medio metro de diámetro.

Crecen en suelos ácidos, y bien drenados, en clima cálido y húmedo, desde 0 hasta 1.000 msnm.

Guamo o Pacae (Inga spuria) las 200 especies de guamo son originarias de centro y sur américa; son árboles de15 a 30 m de alto, copa ancha, sus frutos en forma de legumbres contienen semillas negras rodeadas de una sustancia blanca comestibles por el ganado y humanos. Su siembra debe ser por semilla, al mismo instante de extraerse de su vaina, puesto que pierde su viabilidad rápidamente a una distancia de 30 x 30 m. También son utilizados para sombra de cacao y café; crece desde 0 a 2000 msnm

Cedro Rosado (Acrocarpus fraxinifolius) variedad de rápido crecimiento, maderable y muy útil para proyectos agroforestales. Se cultiva en temperaturas de entre 19°C a 35°C, y suelos con un rango de pH de 4 a 8. Soporta períodos de sequía cortos. Crece hasta 30 metros y de 80 cm a 1.10 metros de diámetro; resistente a plagas y diversas enfermedades; como su raíz es profunda, se puede usar con cultivos asociados a partir del tercer año. Es un cultivo renovable, ya que por su capacidad de rebrote soporta hasta cuatro cortes en su etapa maderable que está comprendida entre los 7 a 10 años. Por lo tanto es una plantación para 40 años aproximadamente. Su variedad de vetas y colores, lo hace apto para la fabricación de muebles, marcos para puertas y otros usos.

Algarrobo blanco. (Prosopis Alba Gr.) Alcanza hasta 15 m de altura y 50 cm de diámetro; su madera bastante dura, que se emplea para marcos de puertas y ventanas, para pisos o pavimentos; su fruta sirve para la preparación de bebidas.

El orejero, piñón o cara caro (enterolobium Cyclocarpum) árbol nacional de Costa Rica parecido al Samán pero de copa más alta. Debe su nombre a que su semilla semeja orejas por su forma. Alcanza hasta 20 m de altura y 4 m de diámetro, se utiliza como madera y ornato; sus semillas ricas en proteínas 36% se utilizan en la alimentación de rumiantes y humanos

El guásimo (Guazuma ulmifolia) de porte bajo y muy ramificado que puede alcanzar hasta 20 m de altura, con un tronco de 30 a 60 cm de diámetro recubierto de corteza gris. Se encuentra de 0 a 1.200 msnm. Es un árbol con copa abierta, redondeada y extendida que normalmente mide entre 2 y 15 metros de alto (máximo 25m). En algunos casos se desarrolla como arbusto ramificado y en otros como árbol de tronco derecho. No es una leguminosa pero las hojas son forraje para vacunos, mientras que el fruto es consumido por vacunos, cerdos y el hombre.

El *Timbó colorado* u Oreja de negro (Enterolobium timbouva) alcanza hasta 30 m de altura y 2 m de diámetro; excelente para extracto de tintóreo (amarillo, para construcción de canoas, toneles, vagones, muebles, bateas, etc., la corteza y la fruta sirven para la curtiembre y medicinal.

El *Incienso*. (Myrocarpus Fastigiata) alcanza hasta 20 m de altura y 1 m de diámetro; madera excelente para construcciones, durmientes y muebles. Segrega una resina olorosa y la corteza es tintórea.

Ñandubay. (Prosopis algarrobillo) alcanza hasta 12 m de altura y 50 cm de diámetro; excelente madera para durmientes, trabajos hidráulicos y postes para alambrados.

Palo de Rosa. (Machaerium Sp.) Alcanza hasta 20 m de altura y 1 m de diámetro; madera muy buscada para la ebanistería y el enchapado.

El *Guayacán Amarillo*. (Calliandra partoricencis) alcanza hasta 10 metros de altura y 30 centímetros de diámetro; madera dura y pesada, color, amarillo. Para muebles. La corteza provee una buena tinta amarilla. Otras leguminosas muy apreciadas son la **Leucaena leucocephala**, las Acacias y otras especies que no son leguminosas como la Morera Morus y la Moringa oleífera, pero que producen frutos, hojas y tallos, de alto valor nutritivo.

Existen ventajas ambientales y socioeconómicas de los sistemas agroforestales sobre la agricultura tradicional de monocultivo tales como:

• Se aporta mayor cantidad de materia orgánica al suelo, proveniente de hojas y raíces, originándose una recirculación o reciclaje más eficiente de nutrientes.

• Protege el suelo contra la erosión, y el efecto directo de la lluvia, el viento y el sol.

• Los árboles leguminosos fijan e incorporan nitrógeno al suelo; La biomasa producida por los cultivos asociados y el forraje de algunas especies fijadoras de nitrógeno, se complementan en su contenido de nutrientes (energía, vitaminas y minerales) los cuales son utilizados en la alimentación animal.

• Mejoran las condiciones físicas, químicas y biológicas del suelo.

• La diversidad de especies crea una estabilidad ecológica en las comunidades naturales del agro ecosistema, disminuyendo las posibilidades de incidencia de plagas y enfermedades.

• El productor se autoabastece de estantillos, frutas, madera y productos medicinales, ingresos extra, entre otros.

•Sombra: máximo confort con mínimo costo; los rumiantes se sienten más cómodos cuando pueden disfrutar de sombra en las horas más calurosas del día y de esa manera, aliviar cerca de 30% de la carga térmica radiante sobre su cuerpo. Por ese motivo, no podrá haber un proyecto de Pastoreo Voisin en el trópico que no se les ofrezca a los animales ese recurso

La tendencia moderna en la producción de madera de alta calidad es trabajar con pocos árboles por hectárea. Se pretende alcanzar, en pocos ejemplares un volumen similar de madera pero con árboles de buen diámetro y con un buen fuste; si se puede, podarlo, para mejor aprovechamiento industrial. Se trata de "crecer en valor (calidad) más que en volumen"; se aconseja dejarlos para turno final, digamos cosechar, entre 18 y 25 años según la especie, unos 150 árboles por hectárea. Se podrá pastorear estas áreas plantadas a bajas densidades. Mejor si el pasto ya está establecido.

• Los árboles leguminosos maderables, constituyen un *"capital en pie"*, cuando se necesita dinero rápidamente. Las áreas en las cuales se plantan arboles a baja densidad con especies de rápido crecimiento para producir maderas de uso comercial, manejado por podas y raleos; es una alternativa sensata.

• Mayor producción de pasto: cuando se siembra leguminosas maderables a baja densidad. La recuperación de la asociación natural de especies vegetales en las áreas de pastoreo permite, además de contribuir a la conservación de la capacidad productiva de los ecosistemas.

* Contar con árboles productores de frutos con enormes cantidades de grasas (Ocampo, y Lean, 1999), azúcares (Roncallo et al., 1996) y proteínas (Botero y Botero, 1996; Cardona y Suárez, 1995), nutrientes costosos y altamente restrictivos para el incremento de la productividad de los sistemas de producción bovina y ovina en el trópico.

De particular importancia para las regiones ganaderas ubicadas en zonas de bosque seco tropical resultan varias especies de leguminosas arbóreas, las cuales presentaron mayor densidad, frecuencia y abundancia; su follaje, fruto y flor es consumido por rumiantes los cuales, ofrecen hasta 70 toneladas de azúcar y 2.4 toneladas de proteína por ha/año (Roncallo et al., 1996) procedente de sus frutos. El uso de los frutos maduros de estas leguminosas arbóreas para la suplementación de rumiantes, tanto en épocas de escasez como de abundancia de forrajes, ha sido tradicional en muchas zonas de las Américas (Duke, 1983).

La suplementación con frutos de leguminosas arbóreas mejora la respuesta productiva de los bovinos. (Navas et al., 1999) sugieren que la respuesta productiva encontrada en los bovinos suplementados con frutos de leguminosas arbóreas está asociada principalmente con aumento en el consumo voluntario de MS y energía digestible, mayor flujo de proteína microbial al duodeno y un mejor balance entre nutrientes glucogénica y cetogénicos.

La contribución de sistemas silvopastoriles que incorporen leguminosas arbóreas productoras de frutos aparece como una opción de primer orden para reducir la estacionalidad.

Por ejemplo, La oferta de 4 kg/vaca/día de frutos molidos de Samán permitiría cubrir el 65 por ciento del requerimiento de energía de mantenimiento de vacas secas (NRC, 1989). Igualmente, la suplementación con 4 kg/día cubriría el 24 % del requerimiento de energía digestible de vacas con producción promedio de 16 litros/día o el 33% en vacas de 8 litros/día (NRC, 1989). Para suplementar un hato de 40 vacas de ordeño con 4 kg de fruto/vaca/día, durante un período de 90 días de verano, se requeriría de 14.440 kg de frutos los cuales se obtendrían con 10 árboles por ha en el área de pastoreo de esas 40 vacas. La mayor parte de estos suplementos son consumidos por los rumiantes en el suelo durante el PRV, tomando en cuenta que la mayoría de ellos fructifica en la época seca.

La sustentabilidad de los pastizales de gramíneas formadas en suelos de baja fertilidad natural, depende, en general, del aumento en el suplemento de nitrógeno al suelo y de prácticas correctas de manejo. Una forma de aumentar el suplemento de N en el suelo de pastos cultivados es la integración con árboles, leguminosos fijadores de N_2.

Las especies Brachiaria brizantha, Marandu, B. decumbens y Panicum máximum, presentan tolerancia al sombreamiento moderado. Los suelos predominantes en las áreas reservadas para la formación de pastizales con estas especies forrajeras, generalmente son ácidos y de baja fertilidad natural, con deficiencia de N. El aumento en la densidad de árboles, que proporcione un sombreamiento moderado de las forrajeras, podría contribuir significativamente a la sustentabilidad de estos pastos. Además de adicionar nutrientes y aumentar la disponibilidad de N en el suelo del pastizal, por efecto de la sombra.

Una adecuada disposición de los árboles en el pastizal, podrá ayudar en el control de la erosión, aspecto importante, principalmente en terrenos ondulados y accidentados.

La sombra de los árboles promueve alteraciones micro climáticas en el ecosistema del pastizal, tales como reducciones en la temperatura 10 ° C más bajas que en las áreas de pastos sin árboles. El efecto del sombreamiento sobre las temperaturas del suelo es todavía más marcado. La temperatura del suelo a 5 cm de profundidad varía de 3 a 10°C, dependiendo de la época del año, en relación con las áreas sin sombra.

El Nitrógeno mineralizado, disponible e inmovilizado en la biomasa microbiana, es más alto debajo de las copas de los árboles que en los espacios abiertos. Otro efecto ya observado en áreas sombreadas es un aumento en la población de lombrices de tierra y de otros meso y micro organismos.

Diversidad: Cada especie vegetal con sus microorganismos asociados, coloniza un sector del suelo desde donde extrae cierto tipo de nutrientes en particular, que luego son llevados a la parte aérea y después colocada sobre la superficie del suelo en forma de hojas, frutos y flores. Con el monocultivo resulta inevitable la aparición de insectos y plagas dañinos al cultivo. La única especie sembrada será incapaz de conseguir la diversidad de nutrientes necesarios para balancear su metabolismo interno, ya que estará limitada a los nutrientes que puede extraer su raíz del nicho particular de ubicación. No aprovechará el reciclaje que harían otras plantas colocando sus raíces a diferentes profundidades y en diferentes espacios del suelo, (Forero, s.f) Con la diversidad vegetal será mayor la protección del suelo y con la abundante y variada biomasa vegetal que se coloca sobre la superficie del suelo, será mayor y más rico el reciclaje de nutrientes para la biota del suelo y para los cultivos.

Se proporcionan de cinco a ocho usos en 80% de las especies, además del forrajero, como leña, poste, sombra, cerca viva, medicinal, consumo humano, artesanal y maderable.

De particular importancia en las zonas de bosque seco tropical, por su producción de frutos resultan el Árbol de la Lluvia o Samán (Pithecellobium saman,) Trupillo o cují (Prosopis julioflora), Aromo (Acacia farnesiana) y Orejero (Enterolobium cyclocarpum) (Acacia cochliacantha), Lysiloma divaricata, Pithecellobium dulce, Haematoxylum brasiletto, el Guamo o pacay (inga hepteróptra), el nacedero, naranjillo o cajeto(Trichantera gigantea) Leucaena Leucocephala y otras descritas a continuación, que abundan en Venezuela, especialmente

Algunas leguminosas arbóreas tropicales (Trejo H. et al 1988))

- Araguaney el árbol nacional de Venezuela, (Tabebuia chrisantay)

- Apamate (tabebuia rosea) de la misma familia del Araguaney

- flamboyán o Acacia roja (Delonix regia); leguminosa de grandes flores y vaina o legumbre que come el ganado hojas; queda desnudo con los frutos leñosos que se asemejan a unos machetes negros.
- Cují (Prosopis juliflora) leguminosa de los paisajes áridos.

- Samán (Pithecelobium saman), leguminosa majestuosa de copa ancha y aparaguada,
- tulipán africano Spathodea campanulata, Conserva las hojas verdes junto con las enormes flores naranjas; Su fruto es una vaina que parece la punta de una lanza,

Leguminosas para eliminar la dependencia de concentrados.

Las gramíneas son la fuente más económica de nutrientes disponibles para la alimentación de los herbívoros, pero su bajo aporte proteico, baja digestibilidad alto contenido de fibra y frecuentemente con graves deficiencias minerales, y consecuentemente, uso acompañado de bajos niveles de producción, ya que la productividad de los animales a pastoreo está básicamente determinada por el consumo diario de energía y proteína (Ruiz &Vásquez, 1983). El suministro de fuentes proteicas es relativamente costoso; por ello, es necesario alternativas económicas y viables.

Las leguminosas son especies capaces de sintetizar altos niveles de proteína cruda (PC), que tiende a mantenerse en la medida que la planta madura (Rincón, 2011), comparada con especies de gramíneas tropicales. También los valores de digestibilidad reportados superan el de muchas gramíneas tropicales, por lo que el aporte energético de las leguminosas es mayor que el de las gramíneas. Según Clavero (2011), además de representar buenas fuentes de proteína, estos materiales también son una importante fuente de minerales, tales como calcio con contenidos que se encuentran en un rango de 0,24-1,90 %, mientras para fosforo el rango es 0,19-0,40 %, magnesio 0,10-0,47 %, sodio 0,05-0,14 %, potasio 0,32-2,75 %, cobre 17-27 ppm, zinc 28-43 ppm y manganeso 31-117 ppm. McDowell *et al.* (1989), determinó que la mayoría de los arboles forrajeros contienen suficientes macro y micro minerales para cubrir los requerimientos de la ganadería en las regiones tropicales.

Todas estas características las convierten en recursos alimenticios de alto potencial en la ganadería de carne y leche tropical, como fuente de proteína de bajo costo, y cuyo uso como fuentes forrajeras ayudarían a incrementar la calidad de la dieta de los animales.

El consumo de leguminosas ejerce un notorio efecto positivo sobre el funcionamiento y eficiencia ruminal. Diversos estudios han demostrado que el consumo de especies leguminosas mejora la degradabilidad de la fibra, el consumo de materia seca y aumenta la población de microorganismos ruminales, los cuales son indispensables para que los rumiantes mejoren el aprovechamiento de los recursos fibrosos. En las leguminosas, la lignina se encuentra solo en el xilema, por lo que este es completamente indigerible, mientras que en el resto de los tejidos no hay lignina y las paredes celulares son completamente digeribles (Wilson & Kennedy, 1996). Sin embargo, en las gramíneas la lignina se encuentra distribuida en todos los tejidos de la planta, excepto en el floema, por lo tanto, la menor cantidad de lignina que poseen las gramíneas protegen una mayor cantidad de paredes celulares de la degradación ruminal, lo que provoca que la tasa de digestión de la pared celular sea menor que en las leguminosas (Buxton & Russell, 1988).

El consumo de leguminosas produce aumentos sustanciales en la producción de leche y aumento de peso en terneros de cría y ceba, pudiendo sustituir total o parcialmente el concentrado. Diferentes estudios han mostrado los efectos positivos de la suplementación con especies leguminosas sobre la producción de leche en diferentes especies rumiantes. Razz & Clavero (1997) evaluaron el efecto de remplazar 2 kg/vaca/día de alimento balanceado por 2 kg/vaca/día de Matarratón en vacas lecheras consumiendo pasto *Brachiaria decumbens* y observaron que la producción de leche se incrementó en 12,1 y 13,9% en las vacas que consumieron heno de la leguminosa vs las que consumían los 2 kg de alimento y las que consumían solamente gramínea, respectivamente. Steinshamn (2010) por su parte, realizó una extensa revisión de evaluaciones que se han llevado a cabo para evaluar el efecto de la suplementación con leguminosas sobre producción de leche y al compararlo con dietas basadas en gramíneas observo que el rango en aumento en producción de leche fue de entre 1,1 y 1,6 kg/d para las diferentes leguminosas. También reporta aumentos en el consumo de materia seca en los diferentes ensayos.

Diferentes estudios también han evaluado el efecto de leguminosas con potencial forrajero durante la fase de crecimiento en diferentes especies de rumiantes y se han obtenido resultados positivos

Una proporción 60:40 gramínea-leguminosa pudiera ser lo adecuado en dietas para especies rumiantes.

Los balanceados comerciales son el renglón de más alto costo en la producción lechera, llegando en algunos casos a superar el 30 % de los mismos. La siguiente, es una forma de sustituirlos inteligentemente, mediante la siembra de: bancos de proteínas, cercas vivas de leguminosas arbustivas y arbóreas y en los potreros, tales como: Botón de oro o árnica (Tithonia diversifolia) Veranera (Cratylia argentea) y nacedero, naranjillo o palo santo (Trichanthera gigantea) mata ratón (glicirilia sepium) nacedero o naranjillo (Trichantera gigantea), Leucaena leucocephala, Mata ratón (Gliricidia sepium) y otras especies tales como Morera (Morus alba) y Moringa oleífera, entre otras. Son especies que presentan alta producción de biomasa, que aporten altos niveles de proteína (20 a 28% y alta digestibilidad.

La mejor forma de propagación de las especies descritas, que se reproducen por parte vegetativa o estacas, para la formación de cercas vivas, bancos de proteínas y asociaciones con gramíneas o como forrajeras dentro de los potreros, para alimentación animal, pueden propagarse con excelentes resultados, mediante estacas, de 30 a 60 cm de largo con 4 nudos como mínimo y un diámetro entre 0,9 y 2,0 cm a excepción de las señaladas que se reproducen solo por semillas para lo que habrá que utilizar el vivero y posterior trasplante, tales como Leucaena y Cratylia argentea o veranera, Previamente se realiza el pelado o retiro a cuchillo afilado, de la corteza, lo cual induce a un mejor y rápido enraizamiento y mayor longitud de las raíces, el efecto de pelado influye sobre la aparición de las raíces, debido a que al retirar las capas epidermis y corteza, que pueden constituir una barrera anatómica para el enrizamiento, queda expuesto el cilindro vascular donde se encuentran floema, cambium y xilema.

En los tejidos heridos se presenta una acumulación de auxinas y carbohidratos que impulsan la división celular y producen primordios radicales. Las lesiones de tejidos vegetales además estimulan la producción de etileno que es un promotor de las raíces adventicias.

Leucaena leucocephala.

Es una leguminosa cuya altura varía de 4 hasta los 20 metros. Para las cercas y ramoneo directo se recomienda las especies de porte bajo; Posee alto contenido de proteína en las hojas, en las ramas y en las semillas, hasta 4 veces más proteína que el maíz; Resiste ampliamente la sequía (250 mm/año)

Se adapta desde 0 hasta los 1,500 msnm, en suelos con buen drenaje, el P.H. debe estar entre 5.6 hasta 8.0; resiste mejor los suelos alcalinos que aquellos de fuerte acidez. Ninguna de las plantas conocidas por sus características xerófitas, le hacen competencia a la Leucaena.

Botón de Oro o árnica (Tithonia diversifolia)

El botón de oro es una planta herbácea muy ramificada que alcanza alturas hasta de cinco metros; se reconoce fácilmente por sus grandes flores amarillas con fuerte olor a miel. Puede ser utilizado como cerca viva y en arreglos silvopastoriles para consumo directo o ramoneo, tanto en potreros, como en bancos de proteína. No es una Leguminosa pertenece a las Asteráceas. El valor nutricional de su follaje es excelente y se ha evidenciado en términos de respuesta animal en bovinos y cabras,

La siembra sobre surcos elevados cubiertos de plástico para controlar malezas, permite su propagación rápida y estimular un rápido enraizamiento. Se encuentra del nivel del mar hasta 2.500 metros y en sitios con precipitaciones desde

800 a 5.000 mm, bien adaptada a suelos ácidos y de baja fertilidad.

Tiene un gran valor ecológico como fuente de néctar y otros recursos para la fauna silvestre; es valorada por los apicultores porque florece abundantemente durante todo el año; es de rápido crecimiento y su cultivo requiere una mínima cantidad de insumos y manejo. El uso de esta planta como recurso para la alimentación animal es cada vez más generalizado debido a su buen valor nutricional, su rusticidad y a la elevada tasa de producción de biomasa.

La capacidad del Botón de oro, para restaurar suelos degradados se debe a la asociación con hongos formadores de micorrizas que capturan fósforo, o a la presencia de ácidos orgánicos en las raíces que permiten una asimilación muy eficiente de este elemento. Por esta razón, a escala global, es una de las 68 especies más utilizadas para el mejoramiento de suelos; sus hojas tienen más fósforo y potasio que la mayoría de leguminosas empleadas en agroforestería. Las hojas frescas contienen alrededor de 3,5% de nitrógeno; 0,3% de fósforo y 3,8% de potasio.

Es una planta forrajera, de alta degradabilidad en el rumen y bajo contenido de fibra. Su follaje es rico en nitrógeno total, proteína de 18,9 a 28,8% comparable a la de otras especies forrajeras tales como el la Morera (26%) la Moringa oleífera (28%) mata ratón, gliricidia Sepium (25%), y Cámbulo o Cachimbo Erythrina poeppigiana (214%).

Los valores máximos de proteína se registran en las etapas de crecimiento avanzado (30 días después del corte) y prefoliación (50 días). Su producción de biomasa verde de 31,5 ton/ha, en cortes cada 50 días. Sin embargo, en sistemas con ramoneo la recuperación de la planta requiere periodos de descanso más prolongados (70 a 90 días) En suelos ácidos con bajo contenido de fósforo y elevada saturación de aluminio, el botón de oro y la Cratylia argentea pueden sustituir exitosamente a la Leucaena leucocephala, en sistemas silvopastoriles intensivos como arbustos forrajeros para ramoneo directo. Se ha multiplicado con éxito, en varias franjas en potreros ya establecidos de pastos Brachiarias como la decumbens, Humidícola, brizantha y otras. En algunas regiones, los productores mencionan un efecto repelente del botón del oro o árnica, contra las garrapatas y moscas hematófagas del ganado.

Durante el primer semestre, se protege con cerca electrificada; el forraje se corta y se le suministra al ganado directamente en el potrero. Una vez que crece y se tupe lo suficiente, se inicia el pastoreo del ganado en las franjas o en las cercas vovas. En este sistema, el ganado puede entrar siempre y cuando se respete un periodo de descanso de los arbustos entre 70 y 90 días.

Existen variados arreglos en un sistema agro silvo pastoril. Ejemplo: hacer surcos de botón de oro cada 3 metros y una barrera de árboles cada 18 metros. Así salen dos surcos centrales de árboles paralelos separados 3 m en tresbolillo y a cada lado de estos, cinco surcos de botón de oro, para un total de 10 surcos de Botón de oro, o incluso hacer solo 8 surcos para ofrecer en cada rotación 2 surcos de botón y los otros seis encerrarlos con una cerca electrificada, dejando solo un callejón a una de las orillas para que el ganado transite dentro de ellos. El mismo arreglo u otros, pueden hacerse con las otras especies descritas.

La Moringa Oleífera.

La Moringa es un árbol originario de las zonas áridas del norte Pakistán e India, diseminada en gran parte del planeta. Inicialmente, se encuentra en áreas desde el nivel del mar hasta los 1.800 metros, pero por encima de 1.200 metros su crecimiento es bajo. El árbol alcanza de 7 a 12 m de altura y su tronco, de 20 a 40 cm de diámetro, fuste generalmente recto, con una copa abierta, tipo paraguas,.

Aunque no es una leguminosa, tampoco es maderable, las magníficas propiedades de La Moringa para animales, hacen de esta especie arbórea y arbustiva, la ideal para los sistemas silvopastoriles como alimento y sombra para los animales, cortinas rompe viento, cercas vivas y bancos de proteínas.

Sus propiedades nutricionales, lo que le ha valido en lugares como India y África el nombre de Pan, Árbol de la Vida, puesto es usado como alimento de fácil acceso y económico, tanto en humanos como en animales; en otros lugares es llamado la Flor de la libertad y planta milagrosa, por sus propiedades curativas siendo utilizado en el tratamiento de varias enfermedades, lo cual es lógico, debido a que sus hojas, ramas y semillas poseen un alto contenido de proteínas (hasta el 28%) aminoácidos esenciales, calcio, vitaminas y minerales, que fortalecen el sistema inmunológico y el estado nutricional general a tal extremo, que pacientes con cáncer han mostrado respuesta relevantemente positiva como coadyuvante en el tratamiento de esa enfermedad y otras enfermedades donde se requiere una buena nutrición y estado general en los pacientes tratados.

En otras localidades es llamada planta liberadora por sus propiedades nutricionales y porque en la cría de ganado, la Moringa ha llegado a sustituir totalmente el alimento balanceado comercial, tanto en vacas lecheras como en engorde y en la cría de ovinos y caprinos; en cerdos puede sustituir hasta un 50 % del balanceado comercial; también es utilizada en la formulación de raciones para aves, que requieren 22 % de proteínas; La mitad puede ser sustituida por concentrado de hojas de Moringa.

La Moringa es tolerable a casi cualquier sustrato, además de ser resistente a la sequía a plagas y enfermedades.

Reproducción y propagación: La Moringa se puede reproducir por estacas y por semillas, que germinan a los 10 días aproximadamente; es preferible la siembra por semillas cultivadas en viveros, para sembrar en los sistemas silvopastoriles y en las regiones áridas o semiáridas porque estos árboles tendrán mayor anclaje y raíces más profundas, puesto que los arreglos sembrados por estacas como en el caso de las cercas vivas, sus raíces son más superficiales.

Cuando el propósito es la utilización como forraje, que requiere altas densidades de siembra, puede sembrarse directamente en el campo con semillas sexuales, de forma manual, o con sembradoras a una profundidad de 1-2 centímetros preferiblemente, siendo una densidad óptima de 700.000 plantas por ha, cuando se utiliza para corte y acarreo.

Para las cercas vivas se siembra cada 20 cm 2 líneas separadas 20 cm. No se necesita de trabajo pre germinativo, germina el 90 %.

Para La propagación asexual, por estacas, estas deben seleccionarse previamente de 1 a 1,50 metros de largo, peladas o sin corteza. Es de rápido crecimiento, logrando alcanzar en 30 días una altura de 30 cm.

La Moringa es muy resistente a la sequía y se cultiva en regiones áridas y semiáridas de la India, Paquistán, Afganistán, Arabia Saudita y África del Este, donde las precipitaciones alcanzan sólo los 300 mm anuales (Ramachandran *et al. (*1980), aspecto interesante para los productores ubicados en zonas áridas o de baja precipitación en Latinoamérica y el Caribe; tolera bien una precipitación anual de 300 a 1 500 mm. Crece en suelos con pH entre 4,5 y 8, excepto en arcillas pesadas; idealmente en suelos neutros o ligeramente ácidos (Reyes., 2006)

En sistemas silvopastoriles se puede sembrar Moringa oleífera, combinada con igual número de plantas de nacedero o naranjillo (Trichanthera gigantea) y adicionalmente leguminosas arbóreas o arbustivas, para la fijación del nitrógeno atmosférico y mantenimiento de la fertilidad del suelo, sin olvidar las cercas vivas de Botón de oro (Tithonia diversifolia) y Leucaena leucocephala, Mata ratón (Gliricidia sepium) y (Cratylia argentea) para mantener la biodiversidad que ayuda al control de plagas y la polinización del sistema. Esta combinación, además de producir un excelente y nutritivo forraje y sombra, para los animales, se convierte en una fuente adicional de ingresos puesto que tienen una gran demanda en el mercado de productos naturales alimenticios y medicinales, de alto precio y rentabilidad, especialmente los de Moringa.

El árbol vive unos 20 años de edad. Los Frutos de Moringa están contenidos en cápsulas o vainas de 20 a 40 cm de longitud, que contienen de 12 a 25 semillas por fruto, de forma redonda y color castaño oscuro con 3 alas blanquecinas.

Cada árbol puede producir de 15.000 a 25.000 semillas por año(5 kg) La Moringa oleífera posee un alto contenido de proteínas y vitaminas A,; B; sus hojas, flores y frutos, todos comestibles y tiernos . Las semillas tienen entre 30 y 42 % de aceite y su torta contiene un 60 % de proteína. Para fines de producción de semilla únicamente, se recomienda sembrar las plantas a una distancia de 1.5 a 3 metros, para la producción de semilla; para la producción de forraje para corte o para pastoreo, la densidad de siembra apropiada puede ser de 700.000 plantas/ha. Mientras tenga humedad disponible, la moringa florece hasta dos veces al año. Cuando se producen semillas para su reproducción, las vainas deben dejarse secar en el árbol hasta tornarse de color marrón o café. Se recomienda realizar la cosecha antes de que las vainas se abran y caigan las semillas.

Estudios indican que suministrando forraje de moringa en una relación 40-50 %, sobre la ración total, la producción de leche en vacas y el incremento de peso en terneros aumentan en un 30 %. También los animales recién nacidos pesan entre 13 % y 22 % más comparados con los vacas que no reciben la ración, que son datos de pruebas experimentales efectuadas en Centroamérica, con solo un consumo diario 15 kg/vacuno.

Rendimiento por ha: 650 t/ha/año de materia fresca o verde, o 120 t/ha/año de materia seca. la moringa puede sembrarse intensivamente. A este nivel de producción, los requisitos de nutrientes por hectárea por año son: 1,8 kg calcio; 0,5 kg cobre; 1,4 kg magnesio; 380 kg fósforo; 0,6 kg boro; 280 kg nitrógeno y 0,3 kg zinc. Es posible que los suelos en otras localidades proporcionen una parte de estos requisitos y los fertilizantes puedan ser distintos.

• En vacas gestantes se señala un exagerado crecimiento del ternero en el útero, por lo que puede provocarse un parto anticipado.

• Alto porcentaje de agua en el forraje fresco y baja presencia de fibra, por lo que se hace necesario deshidratar y balancear con fibra tomada de cualquier pasto o residuo de cosecha. Se evitan de esta manera las deposiciones acuosas.

Price (2000) informó que la producción de leche fue de 10 kg/vaca/día con el empleo del 40-50 % de moringa en la dieta (sin moringa fue de 7 kg/animal/día). El aumento diario de peso en el ganado de engorde fue de 1 200 g/día (900 g/día sin la utilización de moringa).

Como todos los forrajes, es importante someter la Moringa oleífera a deshidratación en el mismo cultivo antes de suministrarla al ganado, con el fin de disminuir el nivel de agua en su organismo, y aumentar los niveles de proteína, grasa, fibra y cenizas. Es sabido que cuando el ganado consume forrajes con altos niveles de humedad, tiene excretas demasiado acuosas y retrocede del peso que hubiere podido ganar con pasturas de buena calidad.

Foidl et al. (1999) recomiendan la utilización de moringa como forraje fresco para el ganado, con intervalos de corte entre 35 y 45 días, en función de las condiciones de manejo del cultivo, que puede alcanzar una altura de 1,2-1,5 m. Cuando se inicia la alimentación con moringa es posible que se requiera de un período de adaptación y se ha llegado a ofrecer hasta 27 kg de material fresco/animal/día. Los contenidos de sustancias anti nutricionales de la moringa, como los taninos y saponinas, son mínimos y no se han encontrado inhibidores de tripsina ni de lecitina.

Las farmacéuticas están buscando a los productores de semillas o frutos de estas, especialmente Moringa, que pagan a precios dispendiosos, para la elaboración de medicamentos, presentados en capsulas, cremas aceites, torta, te, hojas secas molidas y otros productos. En varios países existen redes de cultivadores y procesadores de subproductos de Moringa, que también proporcionan semillas para propagar.

La Morera (Morus sp)

Es una planta multipropósito, Se le considera "cosmopolita" por su capacidad de adaptación a diferentes climas y altitudes, tanto en suelos planos como en pendientes, pero no tolera suelos de mal drenaje o muy compactos; es de alto contenido de proteína y de energía: extensamente utilizada para la alimentación del ganado. Sus frutos tienen gran demanda en la industria de los jugos. La Morera es muy utilizada en los estados andinos de Venezuela, (García, 2006; García., et al., 2008) la Morera sobresalió en un estudio comparativo de 20 especies sometidas a igualdad de condiciones (García et al., 2009).

Existe unas 950 especies, en su mayoría intertropicales. Las especies más conocidas son Morus alba y M. nigra. Necesita lluvias de 600 a 2,500 mm. Se cultiva desde el nivel del mar hasta 4 000 m de altitud y se reproduce semilla, estacas, acodos e injertos. No es preciso preparar el terreno antes de la siembra, siendo sólo necesario eliminar la vegetación. Las estacas se pueden almacenar por más de una semana, en sombra total y manteniendo un nivel de humedad. El primer corte debe efectuarse entre 8-12 meses después de establecida la plantación y si la fertilización es adecuada, la frecuencia de poda es cada 3 meses en zonas húmedas y cada 4 meses en zonas secas, a una altura entre 0.3 y 1.5 m del suelo. Se puede dar una poda en la época seca si la planta presenta buen desarrollo. Cada dos o tres años las plantas deben cortarse a 10-15 cm del suelo para que mejore el rebrote. La frecuencia de poda tiene un mayor efecto sobre los rendimientos de forraje que la altura de poda; sin embargo el intervalo de poda no debe ser menor de 90 días ya que esto afectaría la producción de forraje en el mediano y largo plazo.

Las cercas divisorias de los potreros, finalmente podrían ser sustituidas por cercas vivas de esta planta, que también serviría como Banco de proteínas debido a que su follaje es utilizado para la alimentación de varias especies, principalmente vacas de alta producción. Debe esperarse 6 meses antes del primer corte o ramoneo. La Morera puede producir entre 10 y 12 toneladas de MS/ha/año (biomasa comestible) su digestibilidad es superior al 80%; los valores de ganancia de peso vivo y de producción de leche son similares a los obtenidos con la utilización de balanceados comerciales.

Una vez consolidada la cerca viva, para no agotarla debido al ramoneo directo, igual que las otras especies descritas, se recomienda cercarla con doble hilo electrificado, hasta que esté totalmente consolidada.

Como la Moringa, la Morera no son leguminosas; por tanto, requieren suministro de nitrógeno que extrae del suelo; es recomendable sembrarlas en asociación con leguminosas en las cercas vivas, bancos de proteínas y potreros. Responde muy bien al abonamiento con estiércol de bovino, ovinos y cerdaza. La morera responde muy bien al abonamiento orgánico. Se ha obtenido rendimientos de biomasa verde total de 120 tm/ha/año (comestible en un 50 %) cuando se utilizan 2 kg de estiércol por planta. Estos rendimientos son mayores que los obtenidos con nitrato de amonio cuyo rendimiento no excede las 90 tm de M V total. El abonamiento con compost de estiércol con una aplicación equivalente a 480 kg de N/ha/año. Se debe aplicar entre los surcos 0,5 y I kg de estiércol por planta después de cada poda; también se puede utilizar compost de estiércol o cerdaza; la planta responde bien a la aplicación de abono verde, tal como follaje y residuos de la alimentación de los animales.

Durante el primer año debe hacerse control de malas hierbas y el material del deshierbe debe dejarse en el suelo para mantener la humedad y limitar el crecimiento de la maleza. En caso de sequía durante el establecimiento, debe regarse cada 8 días en suelos arenosos y cada 15 días en suelos arcillosos (Moreno et al, 2000; Medina., et al 2007).

Las únicas plagas o enfermedades para la morera, hasta ahora detectadas son las hormigas arrieras, la presencia de hongos en las hojas basales (en plantas con más de cuatro meses sin podar) y la presencia esporádica de cochinilla en la base del tallo.

El follaje de la morera tiene un excelente valor nutricional debido a sus altos niveles de proteína (20 a 24 %) y de digestibilidad (de 75 a 85 %) que lo hacen comparable a los valores de los concentrados comerciales para vacas lecheras.

Su contenido de materia seca varía entre 19 y 25 %. En ganado bovino, se ha estado utilizando como suplemento en el comedero para animales en pastoreo de gramíneas, sustituyendo total o parcialmente el alimento balanceado comercial. En vacas con una producción lechera de 15 kg o menos, la morera puede reemplazar totalmente el uso de concentrado comercial.

Se puede suministrar a un animal lechero entre el 1 y el 1.5 % de su peso corporal, de follaje en base seca. Para vacas con una producción de 14 kg de leche/día y con 300, 400 y 500 kg de peso, la cantidad de hoja y tallo tierno de morera verde, la ración a suministrar es de 20, 24 y 32 kg/día, respectivamente. Cuando la vaca no puede adquirirlo en el potrero, a partir de las cercas vivas y otros arreglos, el productor deberá establecer el banco de proteínas sembrando la superficie requerida de morera, en un área cercana a la sala de ordeño o de los sombreadores, donde le será suministrado el follaje.

Con el suministro de follaje de morera, combinado con el uso de una buena mezcla de minerales y pastoreo racional de gramíneas, se podrá prescindir totalmente el uso de balanceados comerciales.

En zonas húmedas o con riego se puede sembrar durante todo el año, mientras que en zonas con sequía estacional la siembra debe efectuarse al inicio de las lluvias.. Es aconsejable para los Sombreadores o área de ocio del ganado, como planta arbórea.

Para construir una cerca viva con Morera o bien arreglos en los potreros, se recomienda plantar 3 hileras separadas a 30 cm y 10 cm entre plantas, a partir de estacas peladas sin la corteza, con no menos de tres yemas tomadas de ramas lignificadas; pueden almacenarse por más de una semana, en sombra total y manteniendo un buen nivel de humedad. Las estacas deben enterrarse a 3 o 4 cm de profundidad; cuando el suelo no es muy compacto, no es preciso preparar el terreno antes de la siembra. Sólo es necesario eliminar la vegetación. La frecuencia de poda tiene un mayor efecto sobre los rendimientos de biomasa que la altura de poda; sin embargo el intervalo de poda no debe ser menor de 50 días en secano y 35 días, bajo riego, ya que esto afectaría la producción de forraje.

Las estacas no rebrotan al mismo tiempo, variando entre 4 y 35 días la aparición de las primeras hojas. En buenas condiciones de manejo las estacas alcanzan más del 90 % de rebrote.

La producción de materia seca de la Morera, es de 25 a 40 ton/ha/año

Cratylia argentea o veranera.

Es una leguminosa arbustiva perenne, erecta; se reporta en condiciones de trópico húmedo con suelos de mediana a buena fertilidad. Incluyendo suelos ácidos con alta saturación de aluminio (Argel, 1995; Maass, 1995), tiene largas raíces, alta resistencia a la sequía, es capaz de rebrotar en esa época, por lo que la han llamado veranera; posee buena persistencia a cortes frecuentes y pastoreo Tiene alto valor nutritivo. Crece normalmente entre 1.5 a 3m, de altura; posee, flores de color lila y frutos en vainas dehiscentes de 20 cm de largo, con 4 a 8 semillas. Su primer corte puede ser 6 meses después de la siembra; es tolerante a cortes frecuentes con intervalos de 50 a 90 días, inclusive durante la época seca. Puede cortarse a 30-90 cm sobre nivel de suelo; sin embargo, plantas cortadas a ras han rebrotado bien. Tolera el pastoreo directo. El límite de altura es de 1.200 a 1.400 m.s.n.m, no tolera inundación y su crecimiento inicial es lento, particularmente en suelos con pH 5.5. La producción de semilla no es uniforme lo cual dura varios meses (2 a 3); se debe tener cuidado en el secado y pierde viabilidad si el almacenamiento cuando no es en condiciones óptima. Los rendimientos de MS son altos, entre 2 – 5 t/ha en 8 semanas, tanto épocas de lluvia como de sequía. Tiene un valor nutritivo alto, siendo uno de los mejores para arbustivas adaptadas a suelos ácidos e infértiles. La proteína cruda es de 18 a 30% y la digestibilidad de 60 – 65%. Tiene buena palatabilidad para bovinos y ovejas; el consumo de *Cratylia* inmadura es bajo. La altura para el corte es desde 30 cm del suelo hasta 1 m. Posee mayor rendimiento de forraje que Gliciridia sepium y Leucaena. A una densidad de siembra de 111.000 plantas/ha el rendimiento de forraje es de 25 t/ha

En ensayos se ha encontrado un incremento en leche de 1.1 a 2.2 l/vaca/día cuando se usa *Cratylia* como suplemento en vacas de buen genotipo y un alimento basal de baja calidad. *Cratylia* puede reemplazar otros concentrados y suplementos. Se puede calcular el área de *Cratylia* necesaria para suplementar con base en una producción de 0.6 a 1 kg de materia verde por planta en 60 a 90 días; con estos niveles de producción y un 40 % en la ración se necesitarían 6 – 10 plantas de *Cratylia* por animal /día en la época seca. Es una planta que mejora las condiciones físicas y químicas del suelo. Se puede cosechar semilla desde el año de establecimiento, los rendimientos de semilla están entre 500 – 700 kg/ha/año. Se necesita almacenar las semillas en condiciones frescas y secas cuando no se siembra 2 a 4 meses después de la cosecha.

Estudios indican que las mejor producción de leche y carne en pastoreo y reducción de costos, se encontraron en asociaciones de Cratylia, con brachiarias, a una densidad de 2.500 arbustos/ha cuando estos son renovados cada 5 años (Lascano C., Rincón A.)

Nacedero naranjillo o cajeto (Trichantera gigantea)

Conocido también como quiebra barriga, aro blanco y zanquillo. No es leguminosa pero es una forrajera que mide hasta 12 m de altura, posee hojas de 30 cm de longitud,flores rojas y amarillas en forma de campana, que se abren después del mediodía y producen néctar que atrae diversas aves e insectos. Crece desde 0 a 2.000 msnm, tolera suelos ácidos de baja fertilidad; no tolera inundación prolongada del tallo. Se propaga por estacas de 1 m enterradas a 5 cm de profundidad a chorro corrido para las cercas. El primer corte se realiza a los 9 meses, con intervalos de 4 meses. Las hojas contienen 20 % de materia seca, 34 % de proteína y 52 % de digestibilidad

Además de cerca viva, que tolera ramoneo, se usa como forraje para rumiantes y mono gástricos; en buenas condiciones de fertilidad a una densidad de siembra de 18.000 plantas/ha, se han obtenido hasta 18 t/ha cada 4 meses. En asociación con leguminosas se obtiene un 7 % más de proteína y un rendimiento de biomasa mayor por corte.

Matarratón, balo o madre cacao (Gliciridia Sepium)

Es leguminosa arbustiva de tamaño mediano, de amplia variación en la adaptación ecológica. Desde 0 a 900msnm. Existen genotipos adaptados a zonas más altas, de 1500-2000 msnm (Gliricidia ehrenbergii)

Gliciridia Sepium crece en zonas con más de 700 mm de precipitación y tolera bien precipitaciones erráticas. Se adaptan a suelos pobres y degradados. En zonas secas o semi secas pierde sus hojas durante la época seca. Se adapta a suelos arenosos y arcillosos bien drenados y en suelos superficiales; tolera suelos moderadamente ácidos y neutros, crecen bien hasta en suelos pedregosos; no tolera bien suelos mal drenados. Contiene 25% de proteínas, su palatabilidad depende de la procedencia y se mejora marchitando el material, el ganado necesita un poco de tiempo para adaptarse. El forraje de este árbol, se limita para ganado a 10-30% de la ración (peso fresco).

Hojas molidas de Gliciridia, se pueden utilizar hasta un máximo de 2-4% de la ración en aves para dar color amarillo a yemas de huevos. Semilla y corteza son tóxicas para animales mono gástricos. Las ramas más gruesas de las podas se pueden utilizar para leña y estacas; además, se utiliza las hojas para hacer extractos botánicos y abono foliar. De la cáscara de Gliciridia Sepium, mezclado con maíz se hacen cebos para el control de las ratas, de ahí su nombre común. Hileras densas de este árbol, colocadas en curvas a nivel, sirven para reducir la velocidad del agua por cortar la ladera en pendientes más cortas, y para reducir la velocidad del viento; además sirve como filtro captando los sedimentos que van en el agua de escurrimiento. Para lograr este efecto se colocan rastrojos o el material de poda de los árboles al lado superior de la barrera. El buen manejo de la cerca viva da como resultado la formación paulatina de terrazas, Su madera es dura utilizada para durmientes de tren, Se recomienda un control de las malezas 3-4 veces durante el primer año hasta que los árboles están bien establecidos; la primera poda un es año después de siembra al inicio de lluvias. Después se hacen podas periódicas cada 2-5 meses dependiendo del crecimiento relativo del cultivo y árboles y la competencia por la luz. La poda se hace con machetes bien afilados a 30-40cm de altura. Es importante evitar que se quiebre el palo durante la poda (hacer corte desde abajo hacia arriba). Hay que proteger los árboles durante el primer año, del ganado. Recientes trabajos (Contreras 1999) han demostrado que la suplementación de vacas con el Gliciridia sepium combate efectivamente el anestro o falta de celo, y aumenta la taza de concepción en vacas con problemas diferentes al anestro, registrando hasta un 100 %

Una importante forma de sustitución de los balanceados comerciales es la asociación de gramíneas y leguminosas de porte bajo como el frijol forrajero (Arachis pintoi) y las leguminosas del género Stylosanthes.

Stylosanthes capitata y Viscosa.

El género Stylosanthes incluye aproximadamente 50 especies y subespecies, predominantemente herbáceas, de regiones tropicales y subtropicales tanto de Asia, África y las Américas, principalmente América del Sur. Es un género considerado una de las fuentes más importantes de pastos tropicales naturales, pues en él se ubican cerca de la tercera parte de todas las variedades comerciales de leguminosas pastables (Consoli et al., 1996). Se caracterizan por un vigoroso hábito de crecimiento, habilidad para enraizar profundamente y la persistencia en suelos pobres y poco fértiles en su mayoría, por lo que son ampliamente utilizadas en la agricultura tropical y subtropical como bancos de proteínas, abono verde, y fundamentalmente como cultivos forrajeros en asociaciones con gramíneas (Lovato y Martins, 1997). La especie Stylosanthes capitata comúnmente denominada alfalfa criolla, capica o simplemente capitata, resalta su facilidad para establecer asociaciones con gramíneas como Brachiaria dictyoneura (pasto ganadero), B. decumbens (pasto barrera) y Andropogon gayanus (pasto sabanero). Ante estas cualidades se ofrece al sector ganadero esta nueva variedad de leguminosa forrajera, como una alternativa para mejorar las pasturas nativas e introducidas. También puede ser usada como banco de proteínas.

La alfalfa criolla proviene de la mezcla de cinco ecotipos seleccionados en el Centro Internacional de Agricultura Tropical (Stylosanthes capitata CIAT 1315,

1318, 1342, 1693 y 1728). Es tolerante a la sequía y ha demostrado ser resistente a la quema, por lo menos al comienzo del período lluvioso y cuando el fuego es rápido. Muestra poca tolerancia a los suelos de pH alcalino con altos niveles de calcio.

Para su siembra, Es necesario preparar un ambiente adecuado para la plántula que emergerá. Para ello se recomienda un primer pase de rastra o un arado al final del período lluvioso del año anterior a la siembra o al inicio de las lluvias del año a sembrar. Se deja descomponer la materia orgánica incorporada y se procede a la preparación definitiva, con uno o dos pases de rastra. De esta manera se logra también un control parcial de malezas.

Debe evitarse la excesiva preparación del suelo, por el peligro que representa en suelos arenosos. La siembra debe hacerse preferiblemente a inicio del período de lluvias. El uso de semilla de buena calidad asegura una población uniforme. Lo más recomendado es usar semilla escarificada, a razón de dos a tres kg/ha. Si se usa semilla no escarificada debe emplearse una cantidad de cuatro a seis kg/ha.

Hay que procurar que no quede muy profunda, tapándola ligeramente. Se puede sembrar sola o asociada con una gramínea.

La primera forma puede hacerse al voleo o en surcos separados, a 50 cm y a chorro corrido dentro del surco, lo cual es muy conveniente para producir semilla y para ser usada en forma estratégica como banco de proteína.

La siembra asociada con gramíneas es lo más recomendable; para ello se puede sembrar una mezcla de las dos especies, procurando realizar una distribución uniforme de las semillas. Otra forma de sembrar una asociación es por medio de hileras alternas con la gramínea.

Algunas especies como la Stylosanthes viscosa, también pueden ser utilizadas como control biológico de la garrapata del ganado (Sutherst, Wilson, Reid y Kerr, 1998) t) .Al parecer secretan una sustancia repelente para estos insectos.

La alfalfa criolla no requiere de inoculación con una cepa específica, porque por lo general forma asociaciones simbióticas con rizobium nativos, semilla,.

Esta leguminosa presenta una buena producción de forraje, tomando en consideración la baja fertilidad de los suelos a los cuales se adapta. En cultivos puros, bajo condiciones de corte, en suelos bien drenados, se han obtenido rendimientos de 1,5 a 2 t/ha de materia seca (MS) por corte, en el período o época lluviosa, y 200 a 300 kg/ha en la época seca, para un período de crecimiento de nueve semanas.

En asociación con pasto sabanero (Andropogon gayanus) y bajo pastoreo, con períodos razonables de descanso, la producción anual de materia seca obtenida en diversos ensayos ha variado entre dos a tres ton/ha.

La semilla puede mantener viabilidad por más de un año si se le trata con fungicidas e insecticidas y se almacena en condiciones adecuadas. Las semillas no escarificadas presentan menor porcentaje de germinación por dureza de la cubierta. Los rendimientos varían entre 75 y 300 kg/ha de semilla en legumbres para la cosecha mecánica, los cuales pueden aumentar en 50 % cuando se hace manualmente, con una pureza de 98 % después de trillada y una germinación de 55 %, la cual aumenta si se escarifica con ácido sulfúrico.

En la mesa de Guanipa, Anzoátegui, Venezuela se han logrado rendimientos de 200 kg/ha con cosecha mecanizada.

Valor nutritivo: Por tratarse de una leguminosa, la alfalfa criolla tiene un valor nutritivo mayor que cualquier gramínea adaptada a nuestras sabanas, gracias a su alto contenido de proteína y algunos minerales.

Experiencias en Colombia y Venezuela han permitido establecer valores de 12 a 18% de proteína cruda, con una digestibilidad que varía de 55 a 60 %. El contenido de fósforo varía entre 0,12 y 0,18% y el de calcio, entre 0,90 y 1,0%. Las inflorescencias poseen un valor casi tan alto como las hojas; son consumidas por el ganado.

En asociación con pasto sabanero y bajo pastoreo continuo, con cargas de uno y dos animales por hectárea para las épocas de sequía y lluvias, respectivamente, se han obtenido ganancias anuales de 170 y 200 kg de peso animal/ha, lo cual representa un aumento por animal de 50 % cuando se le compara con la producción en la gramínea pura. No se le conoce efecto tóxico sobre las especies animales. Con la asociación se tiene la ventaja de aprovechar la fijación del nitrógeno por la gramínea y se mejora la oferta del forraje, en calidad y cantidad. Cuando se le ha asociado con pasto sabanero, se ha encontrado que el contenido de proteína de esta gramínea se ha elevado en 1 a 2 %, comparándola con la gramínea sola. También se ha observado que los animales pastoreando esta asociación acortan la edad al primer parto, así como los intervalos entre partos. El manejo de la alfalfa criolla, especialmente asociada, deber ser cuidadoso para asegurar su persistencia. Durante el establecimiento en asociación con gramíneas de porte alto como el pasto sabanero, se recomiendan pastoreos ligeros con carga animal baja, para que consuman la gramínea y disminuyan el efecto de la sombra. La pastura bien establecida se puede usar bajo pastoreo continuo, pero también se recomienda el uso de pastoreo rotativo o alterno. Es recomendada para el pastoreo de caballos. También se puede usar como cultivo de cobertura en frutales, donde puede ser cosechada para uso inmediato en mezcla con pasto repicado, molida o peletizada, o bien usada como heno de alta calidad. No se recomienda la quema, porque retarda su recuperación y afecta su persistencia. La alfalfa criolla es resistente al ataque del barrenador del tallo (Caloptilia sp.), que afecta severamente a otros Stylosanthes. También es moderadamente resistente al perforador de botones (Stegasta bosquella), que causa reducción en la producción de semilla. Durante la floración es atacada por chinches barrenadores.

Maní forrajero (Arachis pintoi)

Una buena forma de lograr este efecto de sustitución de balanceados comerciales y mejoramiento de la fertilidad del suelo, es una combinación de pasto mulato II en surcos separados a 80 cm y entre los surcos sembrar el Maní Forrajero (Arachis pintoi) leguminosa de relevante importancia en combinación con gramíneas. Es rastrera, perenne, con alto porcentaje de proteínas, que se usa como suplemento. Puede asociarse prácticamente con cualquier Brachiaria de la misma forma que el Stylosantes capitata.

Métodos de siembra del Maní Forrajero:

Siembra por semillas: se colocan 2 semillas cada 0.5 m. Siembra con plántulas enraizadas durante 10 días: se cortan los estolones en forma apical en tallos de 15 a 20 cm de longitud. Luego se hacen grupos de 500 tallitos, se amarran y se meten en agua con una hormona para acelerar la producción de raíces. Es la forma lenta.

Siembra con el material vegetativo: Se distribuye en el terreno, después se le pasa una rastra para incorporarlo al suelo. En ambas formas, sea con semilla vegetativa o botánica, se siembra cada dos surcos. De esta forma, se reduce, hasta en un 40%, la cantidad de semilla por unidad de superficie.

Características: Gran persistencia a distintas condiciones, se adapta entre 0 y 1.800 msnm, con precipitación anual entre 2.000 y 3.500 mm y con estación seca menor a 4 meses y suelo pH ácido: también se adapta a zonas de trópico húmedo con precipitaciones de hasta 4.500 mm anuales. En zonas con estación seca mayor de 4 meses, pierde sus hojas y estolones por desecamiento, pero en el siguiente periodo de lluvias rebrota, a pesar de los pronósticos en contrario.

Ventajas: Su consumo directo en pastoreo, reduce los costos de suministro; durante el establecimiento que dura 3 meses, no le debe faltar el agua y la limpieza. No pastorearlo hasta tener un 100% de cobertura. Se da en la sombra y por ser una leguminosa perenne, fijadora de nitrógeno. En la búsqueda de la sustitución de la alfalfa, en es una opción aceptable. Su producción de semilla es de 2 t/ha/corte y 17/t/ha/año de Materia Seca. Intervalo de cosecha o pastoreo 30-35 días.

Presenta progresivo crecimiento en asociaciones con brachiarias. aún en estado de alta presión de pastoreo; debido a su alta capacidad productora de semillas y al brote de hojas a partir de estolones enraizados, lo que evita que sean defoliadas completamente por los animales en pastoreo; además sus puntos de crecimiento están bien protegidos, lo que asegura la persistencia bajo pastoreo excesivo (Grof, citado por Van Heurck, 1990)

El maní forrajero, además, mejora suelos degradados para usarlos en ganadería, mejora el pH, aumenta la fertilidad y materia orgánica y evita la erosión el suelo. En aves, a patio se usa maní forrajero, en pastoreo, con un mínimo de 1 m^2 por ave. En sistemas PRV se utiliza un lote de gallinas ponedoras, que pastorean después que el ganado abandona el potrero.

Los rendimientos de biomasa de estas combinaciones, son superiores a los obtenidos a partir de pastos de brachiarias solos aún con fertilización nitrogenada. El Arachis pintoi CIAT17434, produjo el mayor contenido de proteína cruda (21,55 %.

Los alimentos balanceados comerciales, pueden ser sustituidos totalmente, mediante el pastoreo o ramoneo directo de los rumiantes de todas las leguminosas descritas, el suministro de ramas mediante corte y acarreo, además del suministro en Pelet.

El cultivo de cereales en pastizales permanentes (CCPP) es una práctica de siembra directa de cereales sobre el pastizal, que se ha hecho común en muchos países con un gran impacto positivo en la producción de biomasa, cobertura del suelo. Fijación de N, interceptando más luz para la fotosíntesis y controlando el crecimiento de adventicias y erosión. Llena los nichos disponibles y da menos oportunidad a la lixiviación del N y la desnitrificación. La combinación de plantaas profundas y poco profundas, en el sistema CCPP, da mejor acceso al agua, reduciendo competencia y aumentando productividad.

Parámetros técnicos a obtener en los módulos de PRV.

Eficiencia Reproductiva: cerca del 80% de natalidad anual (456 días ó 15 meses de intervalo entre partos) y en una to intensivo, especializado en producción de leche, su natalidad anual deberá ser cercana al 90% (405 días ó 13,3 meses de IEP).

Servicios x concepción: 1.5.

Duración de la lactancia: 305 días.

Intervalo Parto Concepción: 90 días.

Producción de leche promedio 3.000 kg por lactancia (promedio de 10 l/vaca/día.

Producción de carne: 1.800 kg/ha.

Presión de selección y descarte anual: 15%.

Capacidad de sustentación ha/año: 9 UA.

Mortalidad en becerros hasta 12 meses: 2%.

Mortalidad anual en adultos: 1%.

Producción de leche/ha/año: 20.000 litros.

Producción de carne Ha/año: 1.800 kg.

TEMA III
ALIMENTACIÓN Y MANEJO INTEGRADOS

ALIMENTACIÓN Y MANEJO INTEGRADOS

Categorización del rebaño.

En finca lechera está se debe agrupar a los animales en diferentes categorías según su edad y/o estado fisiológico con la finalidad de facilitar y optimizar la aplicación de los programas de alimentación, manejo y sanidad, siendo conformados estos grupos de acuerdo a las siguientes denominaciones:

En cada caso, se describe el cuidado de estos, en las diferentes modalidades de crianza. Por otra parte, la aplicación del paquete tecnológico aquí descrito, permite obtener una significativa precocidad en las crías desde un mayor peso al nacer, al destete y peso para ser servida la hembra a los 15 meses de edad.

Ternera/o lactante: denominación que corresponde a una ternera/o menor, desde el nacimiento hasta el destete.

Ternera/o en crecimiento o mauta/o: denominación que corresponde a un bovino menor, desde el destete hasta alcanzar edad y peso adecuado para ser servida en el caso de las hembras (340 kg) y en el caso de los machos, hasta alcanzar los 300 kg, momento en el cual pasa a la categoría de novillo en ceba. Novilla o Vaquillona: término utilizado para referirse a una hembra bovina joven, desde el diagnóstico positivo de preñez (17 meses en promedio) hasta la fecha de su primer parto (24-26 meses) parámetros alcanzados con la aplicación de este paquete tecnológico que ha sido probado en muchas fincas del trópico y subtrópico que practican PRV. Con la aplicación del sistema, junto a la fertilización ruminal, las hembras alcanzan su peso para primer servicio (350 kg) antes de 17 meses de edad.

Fertilización ruminal.

Cuando un bovino ingiere una porción de pasto, éste es invadido por bacterias, hongos y protozoarios que lo descomponen en el rumen.

Múltiples factores pueden hacer que la concentración de estos microorganismos sea insuficiente, por lo tanto, se queda una porción de pasto sin ser degradada o digerida en su totalidad, que no se degradará en ningún otro sitio del tracto gastrointestinal y no aportará nutrientes para el bovino; finalmente saldrá en las heces, desperdiciando buena parte del pasto ingerido. Cerca del 50 % del potrero sale por la bosta, en condiciones normales.

El bolo alimenticio ruminal degradado por la micro flora y fauna ruminal, es lo que se conoce como Proteína microbiana, que a su vez es el verdadero alimento para el bovino; en consecuencia, se debe proporcionar los elementos necesarios para que la población microbiana ruminal se mantenga en la máxima concentración.

La Fertilización Ruminal consiste en suministrar un suplemento mineral - proteico - energético balanceado, específicamente con el objeto de llenar las necesidades nutricionales de los micro-organismos ruminales.

Como ser vivo, estos microorganismos, requieren de un suministro adecuado de proteínas, energía y minerales para su crecimiento, desarrollo y reproducción. Esta acción, es lo que se conoce como "alimentar o fertilizar el rumen".

El efecto de la Fertilización Ruminal en la cantidad de micro-organismos ruminales producidos, es de 2,33 kg de microorganismos en un rumen fertilizado, contra 0,83 kg en un rumen sin fertilización (Jordán 1993) Mediante esta práctica se obtienen beneficios como:

1. Incremento en el consumo voluntario de forrajes toscos (1.4 veces) debido a que se incrementa la degradación en el mismo (1.75 veces), haciéndolos más digeribles ya que su aprovechamiento y evacuación del rumen es más rápido; al aumentar la velocidad de tránsito ruminal, debido a una degradación más rápida, se incrementan los períodos de consumo de pasto.

2. Aumento en la disponibilidad de proteína (2.52 veces) y energía (tomada como ácidos grasos volátiles, AGV, de 1.48 veces), (Leng, 1987)

Un rumen bien fertilizado puede extraer hasta el 60% de la proteína y el 80% de la energía que necesita un rumiante para expresar su potencial genético productivo, procedente del pasto que es la base fundamental de la alimentación de la ganadería en el trópico. (Leng (1987, Jordán 1999). La cantidad de proteína y energía a suplementar, sería menor, o nula si se cuenta con un buen suministro leguminoso. Cuando este fenómeno (sincronismo energía-proteína) ocurre, se obtiene la máxima síntesis por parte de microorganismos celulíticos, en rumen, y con ellos una mayor digestión de la fibra. A mayor degradación de la fibra hay una mayor tasa de pasaje de la ingesta y con ello un mayor consumo y por ende, un incremento en la producción animal (carne y leche).

Un buen fertilizador ruminal debe contener los minerales requeridos por los micro-organismos ruminales, los precursores de proteína y energía necesarios para el crecimiento, desarrollo y reproducción de la población microbiana. A la mezcla mineral estándar para bovinos sugerida NRC de USA, debe agregársele 25 % de ClNa (sal) requerida por un bovino adulto (50 gr/día) de forma que no sea necesario suministrar sal por separado. En la ración diaria de 150 gr de la mezcla, un 2 % será melaza de caña y 10 % de harina de maíz. Esta es una excelente mezcla que actúa como activador del crecimiento de la población del ecosistema ruminal.

Datos de campo obtenidos utilizando este sistema de suplementación mineral con activadores, han arrojado efectos benéficos al propiciar una excelente rumia en hembras lactantes en el trópico bajo, con una base forrajera tipo brachiarias y otros pastos toscos.

Las hembras, de 3 meses de haber parido, que consumieron este suplemento, no sólo no perdieron peso (-545 gr./vaca/día) sino que repusieron ésta pérdida y ganaron 555 gr./vaca/día; vale decir, que realmente ganaron un total de 1.100 gr./vaca/día. Las vacas bajo suministro del suplemento produjeron más leche.

El hecho de que una hembra lactante no esté perdiendo peso asegura una presentación de celo rápida y una preñez efectiva.

Los ganaderos utilizan como práctica habitual indebida suministrar a libre disposición en los comederos tipo "canoa" un suplemento mineral, en el entendido que el animal regulará su consumo mineral de acuerdo a sus requerimientos o necesidades; pero además, para economizar le agregan tres, a veces cuatro sacos o pacas de sal común, método incorrecto, por lo siguiente:

Por cada saco de sal que le adicione a un saco de mineral, todos los elementos contenidos en el suplemento mineral se reducen en un 50 %; por ejemplo, si una bolsa de mineral de 25 Kg. aporta 20 % de calcio y 16 % de fósforo, al mezclarlo con una de sal de 25 Kg, estos valores caen a 10 % de calcio y 8 % de fósforo (el rumen de un bovino necesita 7 % de fósforo mínimo, para estar activo; peor quedará la dilución cuando agrega 4 bolsas de sal.

Se debe suministrar un suplemento mineral que tenga incluida la sal en la proporción adecuada de 50 g (25 % de la ración de 200g) por tanto, se deduce que la mas, económica y eficiente forma de suministrar minerales a los rumiantes, es de forma individualizada, en una ración diaria a la dosis recomendada (Force feeding) establecida en las tablas de uso internacional, producto de numerosas investigaciones al respecto.

La fertilización ruminal o suministro de la mezcla mineral, debe hacerse todos los días del año, incluyendo todos los animales mayores de 3 meses (Martínez J. 1989) en comederos individuales, con una dosis de 200 g/animal adulto. Se puede suministrar solo o mezclado, con cualquier vehículo, antes o durante el ordeño o por separado en los sombreadores, mezclado con ½ kg de silo, heno o guarapo de melaza de caña, como vehículo.

Universalmente se recomienda que por cada cien kilos de peso vivo de un bovino a pastoreo se le debe aportar aproximadamente 15 gramos de mineral; en consecuencia, cuando un rumiante pesa 400 Kg debe consumir diariamente 60 g Como mínimo, de suplemento mineral o núcleo puro.

En caso que fuese de vacas de ordeño, además de los 15 gr de mineral por cada 100 Kg de peso vivo, se debe adicionar 5 g por cada litro de leche producido, así una vaca de 400 Kg. /pv. produce 10 Litros de leche, se le debe suministrar los 60 g de mineral más 50 g adicionales de mineral para un total diario de 110 g de suplemento mineral, como mínimo.

Es precisamente la cantidad que debe contener el núcleo mineral recomendado por el NRC de USA; los otros 100 g estarán constituidos por 50 g de sal, 20 g de, melaza y 10 g harina de maíz, alimento activador del crecimiento de la población ruminal, conocido como fertilizador o activador ruminal, para un total de 200 g/día de suplemento.

Por otra parte, existen compuestos que trascienden el rumen (pasante o *by pass*) que llegan al intestino delgado, como parte de los almidones de los granos de cereal, de la proteína verdadera del suplemento proteico y la proteína microbiana sintetizada en rumen; se estaría, también, alimentando al animal propiamente dicho a través de los productos (nutrientes) que llegan al intestino.

Un ejemplo de ello es el Suplemento Activador Ruminal (*SAR*) cuya invención se remonta a comienzo de la década del 2000 por el Dr. Arabel Elías (Instituto de Ciencia Animal - *ICA*- de la Habana, Cuba,), fórmula que sufrió algunas modificaciones como las realizadas por el Dr. José Manuel Palma (Universidad de Colima, México). Otras modificaciones han sido evaluadas por Juan Carlos Montero en la Universidad del Zulia, Venezuela.

La composición química y la técnica de elaboración van experimentando cambios o adaptaciones.

Entre los minerales que juegan un rol prioritario en el metabolismo ruminal se destaca el azufre, debido a que este mineral es indispensable para sintetizar 2 aminoácidos esenciales (metionina y cistina). Junto con el fósforo, calcio y magnesio, como los principales macro elementos, además, de oligoelementos que mantienen reacciones metabólicas como las enzimáticas, catalizadoras. La mejor forma de suministrar los principales minerales es a través de compuestos "puros" como: Sulfato de amonio, de magnesio o de calcio. Fosfato mono, di o tri cálcico, Fosfato de magnesio y Óxido de magnesio, entre otros.

El nitrógeno no proteico y los carbohidratos de fácil fermentación se utilizan en la elaboración de suplementos activadores de la fermentación ruminal. El uso de pequeñas cantidades de estos alimentos favorece el desarrollo microbiano del rumen, mejora la velocidad de degradación y el aprovechamiento de la fibra en la ración (Jordán 1999).

La alimentación de novillos o toros de ceba en pastoreo de gramíneas de buena calidad permite obtener ganancias diarias de peso superiores a 1 kg de peso/animal (Anon 2004., Posada 2004) aunque la calidad nutritiva de los pastizales de gramíneas mejora notablemente, cuando se asocian con leguminosas (Monzote et al. 1986, Castillo et al. 2003 y Espinosa 2000 y 2004). Se ha obtenido ganancias de peso diario de 1.4 kg/día mediante ceba de toros Cebú con suplemento activador ruminal, en silvo pastoreo de leucaena y pasto natural A. Díaz, P.C. Martín, E. Castillo, J.L. Hernández Instituto de Ciencia Animal, San José de Las Lajas, La Habana.

La producción de leche lograda por animal y por ha, y medida en el tiempo, será uno de los indicadores fundamentales para evaluar el carácter sostenible de una explotación lechera (Holmes y Wilson, 1987); y (Holmes, 2000). Por lo tanto, mensualmente, se debe monitorear reportes de estos indicadores.

Es reconocido que una suplementación como la descrita es un método seguro de bajo costo, con retornos económicos altamente significativos en la inversión. En algunos estudios (McDowell y Arthington, 2005). Es aceptado que de todas las tecnologías disponibles relacionadas con la suplementación de ganado en pastoreo, el suministro adecuado de minerales, es la más eficiente, ya que reditúa de 8 a 12 veces el costo del producto en aumentos en la reproducción del ganado, crecimiento o aumento de peso, salud y producción.

Los desbalances de minerales (deficiencias o excesos) en suelos y forrajes han sido considerados los responsables de la baja producción y problemas reproductivos de vacas en pastoreo, específicamente los problemas de bajo porcentaje de preñez, retención de placenta, abortos no infecciosos y muerte de la cría al parto, son a menudo atribuidos a deficiencia de minerales. Otros problemas que son característicos cuando existen deficiencia de minerales son: pérdida de pelo (Vázquez, 2010) problemas de piel, diarrea, anemia, pérdida de apetito, anormalidades óseas, tetania y el fenómeno de pica, o apetito depravado, el cual es definido como el consumo de suelo, huesos, piedras y otros objetos extraños (McDowell y Arthington, 2005).

La mejora reproductiva de vacas en pastoreo cuando se suplementan con minerales ha sido plenamente demostrada en diferentes regiones del mundo; el porcentaje de pariciones se aumenta de un 45 % a un 70 % cuando se establece la tecnología adecuadamente; también se incrementan considerablemente, el aumento de peso al nacer y al destete.

Al considerar una finca en donde no ofrece suplemento mineral y que tiene en promedio una producción de 80 kg de becerro destetado por vaca, es posible esperar de 30 a 40 kg extras, de becerro destetado por vaca, cuando se ofrece regularmente la suplementación mineral. El incremento en los kg de becerro destetado equivale a un ingreso extra; significa una relación beneficio costo, de 3.6 a 1, lo que equivale a tener un 360 % de retorno de la inversión al año.

Alimentación y Manejo de Becerras/os.

Cualquiera que sea el método de ordeño, manual, mecánico, con o sin la presencia del becerro, la cría de becerros y becerras, es la etapa que va del nacimiento al destete. Durante la misma, el retículo-rumen debe adquirir la capacidad de digerir carbohidratos estructurales (celulosa), que han de servirle a la becerra/o como fuente de energía para su crecimiento. Este periodo se proyecta más allá de los primeros 60 días de vida. Entraña riesgos de contraer enfermedades cuyas posibles consecuencias van desde retraso en el crecimiento hasta muerte en la etapa lactante, o en la etapa inmediatamente posterior al desleche.

El sistema de alimentación de becerras/os durante el período lactante se basa en el uso de leche proveniente de la madre o de lacto reemplazante, que resulta más económico.

Se suministrará de manera forzada el calostro al recién nacido. Los lactantes deben consumir 4 litros/día de calostro durante los 4 primeros días de vida, siendo de vital importancia el consumo de 2 litros inmediatamente luego del nacimiento y de otros 2 litros hasta las primeras 12 horas de vida (Morín et al, 1997) En el sistema tradicional de cría, el becerro/a se deja con la madre permanentemente, durante una semana, para que beba directamente el calostro y la cantidad de leche adecuada. Sin embargo, es importante que el recién nacido beba calostro proveniente de los cuatro cuartos.

Funciones del calostro.

a) Provisión de anticuerpos al becerro. Durante las primeras 24 horas de vida el intestino es permeable a macromoléculas como las inmunoglobulinas. El pasaje de estas, a través del epitelio intestinal disminuye rápidamente después de 6 horas de nacido.

b)   Contribuye al correcto desarrollo del tracto gastro intestinal, además de anticuerpos el calostro aporta hormonas, péptidos bioactivos y enzimas; promueve el desarrollo de los lactantes (Kuhne et al, 2000).

c) El valor energético del calostro es 3 veces mayor (Energía Bruta/Materia Seca) que el de la leche (Kuhne et al, 2000). Esta energía es utilizada para funciones metabólicas básicas, incluido el mantenimiento de la temperatura corporal y para el crecimiento. Además, el calostro es rico en Vitamina A y minerales.

Las inmunoglobulinas maternales se concentran en la glándula mamaria de la vaca seca durante las últimas semanas de gestación. El acortamiento del período seco afectará la calidad y cantidad de calostro producido por las vacas. Las primerizas tienen calostro de menor calidad que vacas adultas (Quigley J.D. III et al, 1994).

El uso de vacunas a las futuras madres o inmunización materna, es empleado principalmente en vacas adultas para potenciar la calidad del calostro, a través del aumento de la concentración de anticuerpos.

Suministro de al menos 10 litros de calostro durante los primeros 3 días de vida, seguidos de alimentación a base de leche, permitirán que durante los primeros 7 días de vida el neonato tenga un aumento de peso entre 250 y 500 g/día (Kuhne et al, 2000)

Un "banco" de calostro" *debe* establecerse en cada finca. La conservación se realiza en refrigerador por un lapso de hasta 7 días o en congeladores por tiempo más prolongados.

Las principales causales de morbilidad de becerras/os hasta las cuatro semanas de vida, es la diarrea y en becerros mayores de 4 semanas, enfermedades del tracto respiratorio. En ambos casos, las causas pueden ser definidas como multifactoriales.

Normas para el manejo de becerros.

1) Prácticas como la administración de calostro primario, adecuadamente suministrado y el mantenimiento de normas adecuadas de higiene y buena ventilación de las becerreras de los lactantes son prácticas de manejo sencillas pero efectivas, cuyo propósito es la prevención de los síndromes diarreicos y respiratorios, típicos del periodo lactante

2) Se pesará y anotará el peso de los becerros al nacer, en el libro de nacimientos indicando número de la madre y padre, datos con los que se elaborará luego su tarjeta individual.

3) Al nacer, el becerro, se le sumergirá (no rociándolo) en solución de iodo al 7%, el cordón umbilical y toda el área del ombligo en el estómago, deberán estar completamente cubiertos con la solución, por tres días seguidos o hasta que el mismo, seque y caiga.

4) Inyectar 3 cc vía subcutánea de vitaminas A, D3, E: puesto que el becerro nace sin reservas de Vitamina A, que estimula el crecimiento.

5) El destete se practicará al tercer día, en explotaciones que posean ordeño mecánico sin becerro, lo cual obliga a alimentar a los becerros de manera separada; continuar ordeñando la madre y seguir dándole calostro con tetero o botella en una cantidad de 1,5 a 2 litros cada 12 horas, proveniente la madre o de otra vaca recién parida.

6) En explotaciones donde no se suministre un sustituto lácteo. Se alimentará a los becerros, con baldes o botellas plásticas, provistas de mamilas con leche recién ordeñada, a razón de 2 litros en la mañana y 2 litros por la tarde, a cada becerro, para lograr uniformidad en la ración.

7) El equipo relacionado con la alimentación de los becerros deberá ser limpiado y desinfectado entre tomas, especialmente para el caso de los recién nacidos. Primero, se limpiará el equipo; agua caliente y jabón deben utilizarse para quitar toda materia orgánica, como la saliva, leche y estiércol, que puede encontrarse en botellas y mamilas después de alimentar a becerros, rotando el tipo de

desinfectante, 2 a 3 veces al año. Puede planificarse la adquisición de una máquina capaz de alimentar varios becerros por vez, con sustituto lácteo, a temperatura de 30 grados C. Estas máquinas, poseen capacidad de amamantar150 becerros en 1.5 horas.

8) En todas las modalidades, los becerros serán criados en becerreras comunes, a cargo de un becerrero, para lo cual, se dividirán en dos grupos de acuerdo con la edad y tamaño: un grupo de recién nacidos, hasta dos meses de edad y el otro grupo, mayores de dos meses de edad. En ese orden serán alimentados.

9) Se utilizará 4 becerreras debidamente techadas con pisos de concreto, bien ventiladas, las cuales se alternarán día por medio, para facilitar su limpieza, desinfección y secado. Su piso debe lavarse diariamente con chorro a presión.

10) La clave para un desarrollo rápido y funcional del rumen, a tiempo para el destete, es ofrecer concentrado rico en granos a las terneras/os, a partir de los 3 días de edad.

11) La leche efectúa el principal aporte nutricional en las primeras semanas de vida de los terneros mientras se desarrolla la capacidad fermentativa del rumen, aspecto que depende principalmente de la alimentación sólida (concentrado). Un mayor consumo de leche conduce a una menor ingesta de concentrado, por lo tanto habrá un lento

desarrollo del rumen-retículo. Hasta las 2-3 semanas de vida los lactantes tienen escasa tendencia a consumir alimentos sólidos, pero a partir de esa edad, mediante la administración de alimentos sólidos se puede lograr acelerar el desarrollo ruminal y especialmente de las papilas de la pared del rumen. Se suministrará alimento balanceado para becerros a razón de 400 g mañana y tarde, al menos una hora después del amamantamiento. Después de consumido el balanceado, se les suministrará heno a voluntad, preferiblemente de pasto suave y muy palatable como las bermudas. Esta temprana práctica, activará el desarrollo de los otros estómagos, obteniéndose mejores resultados si el heno suministrado es desintegrado o picado en pequeños trozos, con un molino desintegrador.

12) Suministro diario de agua limpia y fresca. El agua es el principal estimulante del consumo de alimento sólido e influye directamente en proporcionar la humedad requerida por el rumen, para el establecimiento y desarrollo de la flora microbiana. Por lo tanto, las becerreras deben estar provistas de bebederos con agua limpia y fresca, a razón de 20 cm de bebedero por cada becerro/a, a partir de la primera semana de edad, en bebederos fácilmente lavables exclusivos para becerros, los cuales se lavarán a diario. Cuando los bebederos son en concreto, debe requemarse o pulirse el interior para facilitar el lavado. Un tubo pvc de 10" partido a la mitad y empotrado, sería el comedero y el bebedero ideales, puesto que tiene menor porosidad que el de cemento.

13) El desarrollo de la capacidad fermentativa, que involucra el desarrollo en tamaño y musculatura del rumen-retículo, desarrollo papilar y la fermentación es regulada por la alimentación y no por la edad de la ternera/o, por tanto, las becerreras serán dotadas de comederos plásticos sobre soportes de diferentes materiales, cuidando que se provea 30 cm de comedero por cada becerro.

14) Se limitará al máximo el contacto del becerro recién nacido con otros animales.

15) Descorne, identificación (tatuaje), Un día fijo de cada semana a juicio del encargado, a los becerros en una sola jornada, se descornará y tatuará. Para el descorne se utilizará una tijera para cortar el pelo alrededor de los botones de los cuernos y luego se cauterizará con hierro caliente. Se administrará un cicatrizante repelente de insectos como para evitar la miasis producida por las moscas.

16) Se tatuará los becerros mediante el siguiente protocolo: En la oreja izquierda se tatuará el número de la madre; en la oreja derecha tatuar su número definitivo, correspondiendo el primer dígito al número 1 (uno) al año en curso y los siguientes números al orden consecutivo de nacimiento, utilizando la terminación impar si es macho y par si es hembra. Por lo tanto, el primer parto del año 2016, será: 1601 si es macho, 1602 si es hembra. Un arete para becerros se colocará en su oreja izquierda con su número definitivo, el cual será sustituido en su etapa adulta, por uno de mayor tamaño.

17) El herraje que es una práctica muy cruenta que atenta contra el bienestar animal; produce en algunos casos heridas difíciles de curar; por otra parte las pieles pierden valor en el mercado. Cuando el semoviente presente condiciones de peso y tamaño, para pasar de la categoría de becerros a la categoría de mautes/as que suele ocurrir entre 8 a 10 meses de edad. El arete será sustituido por uno de mayor tamaño preferiblemente en ambas orejas.

18) Con ganado manso en pequeñas explotaciones no será necesario la numeración con hierro caliente. Puede hacerse con marcador frío o de nitrógeno que es menos cruento.

19) Higiene diaria de becerreras y utensilios puesto que la diarrea neonatal del ternero y las enfermedades respiratorias ocupan aproximadamente el 70 % de la totalidad de las causas de muerte de los terneros criados manualmente, por lo tanto se tendrá especial atención en la limpieza. Varios microorganismos están comprometidos, generalmente asociados, algunos de aparición reciente como el virus sincial respiratorio bovino (VRSB) y producen cuadros a nivel de aparato respiratorio alto y bajo que afecta principalmente a terneros menores de 12 meses de edad.

20) La mortalidad no deberá superar el 1.5 % de los nacimientos vivos.

21) Suministro de Sustituto de leche: A partir del tercer día, el becerro debe seguir alimentándose con leche de transición. Cuando se suministra sustituto lácteo debe realizarse progresivamente a partir del cuarto Día, suministrándole un 25 %, hasta que al 7°. día, se le suministrará el 100 % del sustituto lácteo, de la cantidad de leche que consume el becerro según su peso vivo (8 a 12% de su peso). Esto significa suministrarles unos 4 a 5 litros diarios; el suministro de leche o sustituto debe hacerse en dos tomas diarias; cada 12 horas.

A partir del 7° día, se suministrará gradualmente heno o pasto de primera calidad (picado o desintegrado pequeño de 2 cm) y alimento concentrado iniciador, para comenzar el desarrollo integral del rumen.

El heno y el alimento aumentarán gradualmente hasta lograr el consumo de 1kg de alimento seco durante unos tres días consecutivos, lo cual con un buen manejo y alimento iniciador se consigue generalmente después de los 3 meses de vida, siendo el principal indicador para realizar el desleche, no el destete. Se alimentará con el mismo alimento iniciador y heno o pasto de calidad picado a libre acceso y pastoreo para asegurar que se cubran las necesidades metabólicas y no ocurra reducción en la concentración de energía.

22) El Pastoreo de los becerros: será posterior al primer mes de nacidos, en horas de la mañana, para los cuales se construirá un módulo con cerca electrificada de doble hilo y potreritos de 1.000 a 2.000 m^2; Se deberá recogerlos en tiempos críticos: fuertes soles, lluvias y corrientes de aire frío. Los pastos frescos y suculentos son muy apetecidos por los becerros; los prefieren a otros alimentos como cereales y alimentos concentrados.

23) A los tres meses de edad ocurrirá el desleche; no el destete. El becerro debe estar en buen estado de salud y condición corporal; eliminar completamente el suministro de leche o sustituto.

El Suministro de alimento seco al becerro: debe incrementarse significativamente una vez que la alimentación con leche o sustituto haya cesado, para entonces también deben estar a pastoreo continuo.

Alimentación y manejo de las vacas en producción lechera, a pasto.

La alimentación de las vacas en producción, es el factor fundamental para el sostenimiento de la producción de leche y a la vez como el punto crítico para lograr rentabilidad debido a que el costo de concentrados representa un significativo porcentaje del ingreso por venta de leche, en las fincas.

Con la aplicación de la biotecnología reproductiva se ha logrado mejoras genéticas sustanciales, que ha obligado a realizar mejoras en la formulación de raciones alimenticias para que las vacas puedan soportar altos rendimientos de leche.

Estos avances vienen siendo opacados debido a que los animales muestran un preocupante descenso en el desempeño reproductivo así como notorios incrementos de problemas metabólicos y sanitarios, que acortan el lapso de vida y número de lactancias, además del incremento continuo de los costos debido a las alzas de precios de los insumos alimenticios.

En el PRV, estos nutrientes son tomados de la ración alimenticia suministrada, compuesta por los pastos y leguminosas, y suplementos de minerales o activador ruminal.

La alimentación es básicamente con base en pasto fresco, mediante el pastoreo directo, el cual debe estar en estado óptimo de contenido nutritivo, siempre que los animales accedan a un potrero nuevo diariamente, mejor si es uno por la tarde y otro durante la mañana.

El tiempo de pastoreo será de al menos, tres horas por turno, después de lo cual, se llevarán a sombreadores, al menos, 4 horas antes del ordeño de la tarde, donde habrá agua fresca disponible.

A tal efecto, serán divididas en dos grupos: Primer Grupo: vacas con producción superior a 20 litros de leche/día (vacas élite) las cuales serán ordeñadas tres veces por día; Segundo Grupo: vacas que producen menos de veinte litros por día.

A todas las vacas en producción lechera se les suministrará una ración de 200 gr/día del fertilizador ruminal descrito.

Las raciones alimenticias son específicas para los animales. Así, en forma general, para proporcionar una ración nutritiva balanceada se debe considerar dos aspectos importantes:

Características del animal.

Los requerimientos nutricionales de la vaca dependen de varios factores. Los más importantes son:

1. Genotipo.

El genotipo será el que determine el mayor o menor potencial genético para producción de leche en el trópico son los mestizos de las razas especializadas productoras de leche como Holstein, Pardo Suizo y Jersey con cebú y razas criollas y razas de doble propósito como Fleckvieh.

2. Nivel de producción de leche.

El rendimiento de leche determinará la mayor o menor demanda de nutrientes por parte de la vaca. Así por ejemplo una vaca recién parida o que se encuentra en el pico de producción de leche   (inicio de la lactancia) necesitará mayores requerimientos de nutrientes (Ej. Energía y proteína) en la ración comparada a una vaca de baja producción que se encuentra al final de la curva de lactación.

La campaña productiva de una vaca especializada para producción de leche tiene tres diferentes etapas: primer tercio, segundo tercio y tercer tercio.

El primer tercio, que va desde el parto hasta los 90 días después del parto; es la etapa más exigente en alimentación, donde el productor debe hacer el mayor esfuerzo con el objeto de satisfacer los requerimientos nutricionales principalmente de energía.

Durante este periodo el consumo de materia seca de la ración alimenticia no logra satisfacer los requerimientos nutricionales por lo que la vaca tiene que movilizar sus reservas corporales para cubrir el déficit energético y a pesar de ello la vaca siempre está en balance energético negativo. Se debe evitar que la vaca baje a niveles menores a 2 grados de condición corporal, el cual puede afectar la reproducción. El segundo tercio, comprendido entre los 91 días post parto hasta los 210 días de la lactancia; se espera que la vaca consuma una ración alimenticia que le permita satisfacer los requerimientos nutricionales e incluso pueda recuperar su estado corporal afectado durante el primer tercio.

En este periodo se espera que la vaca consuma niveles de 3,0 a 3,3 % de materia seca respecto a su peso corporal para lograr una producción esperada de 20 kg de leche por vaca/día en promedio.

Finalmente, en el último tercio, comprendida entre los 211 días de la lactancia hasta la fecha de secado, la vaca debe restablecerse totalmente e incluso ganar reservas corporales para que cuando llegue al secado esté en una condición corporal de 3,25 a 3,75 grados. Se debe tener presente que una vaca seca debe estar preñada. Para este periodo se espera que la vaca consuma niveles de 2,5 % de materia seca respecto a su peso corporal y que logre una producción esperada de 10 a 15 kg de leche por vaca/día en promedio.

Estrategias para aumentar el consumo de materia seca.

El ganado vacuno en producción lechera, para cubrir sus requerimientos nutricionales, tiene como prioridad el consumo de forrajes de calidad, que proveen de nutrientes a menor costo que los balanceados comerciales. Sin embargo, uno de los problemas de los forrajes radica en que su valor nutritivo es muy variable y depende de la especie forrajera, clima y el estado de madurez durante la cosecha.

En este sentido, la estrategia del programa de alimentación debe considerar como base el uso de forraje de calidad en el potrero, complementado con minerales con activador ruminal de consumo diario (Fertilización Ruminal)

Es importante conocer los factores que influyen en el consumo de MS como un primer paso. Estos factores son los siguientes:

a. Nivel de rendimiento de leche.

• En general, el consumo promedio de MS es de 3 kg por cada 100 Kg. de peso vivo o 3 % del peso corporal del animal. Las vacas de alto rendimiento tienen un consumo de MS mayor a 4 kg por cada 100 kg de peso corporal.

• Las vacas secas consumen de 2 a 2,25 kg de MS por cada 100 kg de peso corporal.

b. El estado de madurez del forraje:

• Forraje tierno: 2,5 kg de M.S./100 kg PV

• Forraje bueno: 2 Kg. de M.S./100 Kg. PV

• Forraje maduro: 1,5 Kg. de M.S./100 Kg. PV

• Residuo de cosecha: 1 Kg. de M.S./100 Kg. PV

. Frecuencia de las comidas diarias: Cuanto más fraccionado se reparte la ración total, mayor será su consumo diario de materia seca. Se debe suministrar una dieta más concentrada en la época seca. La instalación de sombras en el área de ocio y potreros permite un mayor consumo de materia seca.

Alimentación y Manejo de las Vacas Próximas a Parir.

Esta práctica permite lograr en la vaca, una mejor condición corporal para el momento del parto y becerros resistentes, con mejor peso al nacer.

El período seco es un excelente momento para vacunar. La estimulación al sistema inmune dada por la vacuna no solamente beneficia a la vaca, sino también mejorará los niveles de inmunidad en el calostro, lo que beneficiará a la cría. Adicionalmente, puede ser necesario un plan de inmunización contra Rotavirus, Coronavirus y Enterotoxemia, si estas enfermedades se encuentren presentes en la finca. (Harris y Garcia-Bojalil (1989) y Campabadal, Navarro (1994), señalan que la condición corporal de la vaca es indicativa de sus reservas de energía y del balance de este nutriente, siendo necesaria una adecuada condición corporal al inicio de la lactancia (Ruegg Pamela et. al., 1994), que permita la movilización de grasa corporal; así, en esta etapa una calificación de 3-4 al parto es adecuada y garantizaría una buena lactancia (Corah,1994; Ruegg Pamela et al.,1994).

Sala de partos.

Se trata de un pequeño módulo de potreros de 0.25 ha que puede subdividirse en 8-10 pequeños potreros donde se rotarán las vacas próximas a parir. Por su proximidad al patio y la sala de ordeño, podrá ser revisado diariamente, de manera que pueda prestarse ayuda a las vacas al momento de presentarse problemas en el parto.

Pero en los módulos pequeños, donde las vacas secas conforman el lote de seguidoras, el cual se cambia de potrero todos los días, las vacas próximas a parir pueden dejarse en ese lote, puesto que son revisadas diariamente cuando se cambia el lote de potrero.

Manejo de los Partos:

La incidencia de la distocia aumenta con el nivel de intervención humana, siendo mayor cuanto más se "ayuda" a la vaca que va a parir. Claro está se debe intervenir si se observa problemas para el parto.La suplementación mineral diaria, antes recomendada, reduce la retención placentaria a menos del 1%, evitando el uso de hormonas.

La placenta normalmente se expulsa entre dos y tres horas post parto, por lo tanto debe observarse la vaca al menos cinco horas después de parida.

Normas para el Ordeño, arreo y manejo.

1. Las vacas serán ordeñadas dos veces por día, de acuerdo a su producción; el primer ordeño se iniciará a las tres (03) de la mañana y el segundo a las tres (03) de la tarde.

2. Todas las vacas en producción lechera pastorearán en los módulos de potreros descritos, ubicados estratégicamente alrededor de la sala de ordeño o vaquera, para evitar estresar a los animales y que caminen lo menos posible, siguiendo el cronograma de pastoreo pre establecido, como se muestra en el plano anexo del módulo ideal.

3. Se estructurará un cronograma de flujo del rebaño dentro del sistema, conformándose de la siguiente forma: en

la mañana después del ordeño, permanecerán de 5 am a 10 am en el potrero, después de lo cual, se trasladarán al sombreador a refrescarse y rumear, hasta la hora de ordeño vespertino. El refrescamiento debe ser de 4 horas mínimo, antes del ordeño de la tarde.

Después del ordeño vespertino, que termina a las 5 p.m., se les asignará un nuevo potrero; preferiblemente, las vacas pasarán la noche en el potrero, debido a que los pastoreos nocturnos son más intensos, largos y provechosos, sin ruidos y altas temperaturas.

Cuando fuere necesaria La suplementación con forrajes o silos, debe realizarse en horas de menor calor para no aumentar la temperatura interna de los animales; debe llenarse los comederos de manera que al regresar durante la madrugada, los encuentren llenos, en el caso que la suplementación no se realice en la sala de ordeño.

4. La personalidad del ordeñador tiene influencia directa en el rendimiento de las vacas. Si el ordeñador tiene un problema, los rendimientos diarios bajan del 1 al 3%, aunque siga las mismas rutinas y no exteriorice el malestar. El conductor de ganado ideal debe ser un tipo humano seguro e introvertido, que no pierde la calma.

5. Evitar hacinamiento, maltrato, garrochas, ruidos, así como todo elemento o situación que altere el bienestar y la

rutina del rebaño y demás actividades estresantes. Cuando el ordeño está asociado a experiencias desagradables, se genera estrés al iniciar la rutina, haya o no maltrato. La vaca estresada no irá de buen grado a la sala de ordeño, y defecará abundantemente.

6. Evitar los ruidos agudos o súbitos. Los cuales interrumpen la rutina. La música, mientras no sea ruidosa, no afecta a las vacas, pero puede ayudar al trabajador, e indirectamente, a las vacas. El estrés del ordeñador, es máximo cuando falta 1/3 de las vacas, se proyecta sobre las mismas.

Para un manejo calmo se debe observar las siguientes normas:

a. Trabajar sin apuro (se termina más rápido) y en silencio evitando los ruidos, gritos y sonidos agudos.

b. Prescindir del personal agresivo o miedoso.

c. No usar perros.

d. No agredir a los animales, picanearlos, azotarlos, azuzarlos ni presionarlos físicamente.

e. .En corrales y bretes, trabajar de a pie o desde afuera, sin apretar o aglomerar a los animales, presionarlos desde lejos y en lo posible, desde los costados.

f. Circular en calma a los animales por las instalaciones antes de trabajarlos.

Resumen: darle tiempo al animal, darle espacio y darle una salida.

Normas para el Uso de la Manga de Manejo y Arreo de los Bovinos.

Pasar los animales por las instalaciones o manga, un par de veces antes de trabajarlos reducirá los niveles futuros de estrés.

Los terneros habituados a estímulos ambientales y al cambio de potrero se adaptan más rápido al destete, y ganan más peso, que los que son criados en medios aislados y sin cambios.

Las mangas de manejo deben ser construidas para que sus animales puedan ver a través de ellas; de otra forma se empacarán. La puerta de encierre deberá ser sólida para que los animales no puedan ver a través de ella, e intenten regresar con los compañeros que acaban de dejar.

Se recomienda que las puertas de palpación también deban ser sólidas, para que el ganado no vea a una persona parada junto a la casilla.

Las instalaciones, diseñadas para facilitar el trabajo de la gente, casi siempre contrarían el movimiento natural de los animales. La forma de los corrales afecta la dinámica de los animales. Los corrales redondos son más difíciles de llenar y trabajar que los rectangulares o triangulares.

Un bovino nunca debe ser azuzado hasta no tener un lugar a donde ir. Se esperará hasta que la tranca trasera de la manga esté abierta antes de azuzar el próximo animal; el olor a miedo, sustancia secretada por una vaca asustada, puede ser detectada por otras vacas, creando más problemas.

Se recomienda dedicar tiempo a moverse alrededor del rebaño a diferentes horas, de esta manera se acostumbrará a su presencia en otros horarios que no sean los de los trabajos en corrales o suplementación.

Los sonidos agudos o los ruidos fuertes e intermitentes son otro problema dentro del manejo en la manga, pues hacen que los animales se detengan bruscamente pudiendo lesionarse entre ellos, o lesionar a los trabajadores por tratar de escapar. Esto quizá pueda deberse a que los bovinos son más sensibles que los humanos a los sonidos agudos. El ruido agudo de la bomba hidráulica al operar la manga de compresión, el sonido del generador, el sonido agudo del sistema hidráulico en plantas de faena, el sonido de metales y las salidas de aire comprimido que sisean, deben ser suprimidos.

Sabiendo que es típico del comportamiento bovino seguir a un líder cuando es arreado, se puede enseñar a un animal manso para que actúe como líder, ya que los animales pueden ser entrenados para aceptar ciertos comportamientos en el manejo, mediante buenos tratos. En lo posible se debe iniciar con el entrenamiento del ganado a temprana edad, pues así se obtendrán animales adultos más calmos y fáciles de manejar. Patrones de comportamiento que se forman tempranamente, pueden ser muy persistentes y redituarán beneficiosamente, cuando las primeras experiencias de los animales en los corrales no son traumáticas. Se debe trabajar preferiblemente con mangas llenas pero no sobrecargadas No empujar a los animales desde atrás pues, porque genera resistencia. En los corrales se debe trabajar siempre de pie y desde afuera, no poner demasiados animales en los corrales de encierro para que el ganado entre más eficientemente a la manga, para esto los operarios deben esperar que el corral se vacíe hasta la mitad antes de traer un nuevo grupo; de esta forma, habrá suficiente lugar en la manga para que varios animales sigan al líder y entren a ella.

El arreo, debe ser calmado, despacio, sin gritos ni palos, al paso normal del animal. La ganancia de peso de animales altamente estresados es un 40% menor al de sus compañeros poco estresados. El arreo debe hacerse en forma tranquila, sin gritos, porque el buen ordeño empieza cuando se van a buscar las vacas al campo, sin ladrido de perros; estos deben ser retirados del área, durante los trabajos en los corrales.

Las fincas organizadas tienen sus vacas próximas al parto en un potrero "maternidad" cercano a la sala de ordeño de manera que se pueda vigilar su parto y los vaqueros puedan llegar en pocos minutos si se presenta una distocia. Algunas fincas pequeñas utilizan el potrero escuela para esta tarea. En otras, tienen las vacas próximas junto a las vacas en producción. En esos casos, es frecuente que las vacas abandonen sus crías en el momento del desplazamiento y es muy raro el caso que se las acepten de vuelta más tarde. Para prevenir esto,, se debe armar un potrero grande (de acuerdo al tamaño del lote) el cual se lo subdivide con cercas eléctricas en 6 a 8 potreros menores, para la maternidad. Las vacas serán incorporadas al lote de ordeño, tras una semana de vida de los terneros.

No se debe arrear o perseguir a los animales desde atrás como un depredador. Tomando posición detrás del animal, se coloca en su punto ciego de visión, ocasionando que giren y miren o huyan del arriero. El primer hábito a romper es el de gritar, y correr.

Los movimientos del ganado estarán bajo su control en una marcha pausada. Se debe concentrar en movilizar los animales líderes y el resto los seguirá.

La arrogancia y la falta de respeto hacia los animales parecen ser comportamientos arraigados en el ser humano. Muchas veces trabajamos con el ganado como verdaderos predadores.

Los animales tienen buena memoria y gran capacidad de reconocer personas o grupos de personas que les han causado dolor y sufrimiento. (Paranhos da Costa, 2003) Afortunadamente, la visión humanista en la relación con los animales se ha ampliado en los últimos años.

Normas para el Manejo de los Toros:

El uso de toros mayores de tres años junto con toros más jóvenes puede deprimir la fertilidad y el progreso genético de las fincas, pues, el toro veterano impide a los nuevos, acercarse a las vacas en celo, llegando a controlar simultáneamente hasta tres de ellas, en celo, aunque no las pueda montar. Cuando se usa un toro joven en un rebaño donde también se utilizan toros más viejos, es prudente colocar los toros más jóvenes con un lote aparte de las vacas,

Con el uso de la Inseminación Artificial se tendrá sólo toros de repaso, los cuales se mantendrán en un potrero aparte, para ser utilizados en monta controlada, sólo cuando la condición de la vaca lo amerite. Es suficiente un toro de repaso por cada 100 vacas.

En el sistema de Monta natural, los toros serán rotados al servicio, para permanecer con el rebaño lactante. Los que están en descanso, pueden colocarse con las vacas secas, puesto que se supone que todas están preñadas y no entrarán en celo.

. Para evitar este problema, los toros en descanso deben estar juntos hasta que se establezca el orden social, caso contrario, se producirán peleas al poner en servicio toros de distinta procedencia o lote, disminuyendo la actividad sexual.

El diagnostico de preñez y enfermedades del tracto reproductivo.

El 20% de los Veterinarios que trabajan en ginecología bovina usan la máquina de ultrasonido;¿porque el 80% de los Veterinarios aún rechazan la técnica? Las críticas son siempre las mismas: el ultrasonido es un costo para el médico y para el ganadero. De hecho, no es un costo es una inversión.

El ultrasonido permite realizar varios servicios en el área de la gerencia reproductiva de la finca:

- Examen del útero a partir de 12 días después del parto: nefritis posparto y diagnostico de endometritis.

- Examen del útero a partir de 20 días después del parto: diagnóstico de endometritis.

- Examen del útero después de un periodo de suspensión programada, endometritis crónica, pyometra, mucómetra.

- Examen de la condición fisiológica y patológica de los ovarios: estudio de las dinámicas foliculares, degeneración enquistada del ovario y protocolos de sincronización.

- Diagnóstico temprano de embarazo o no embarazo.

- Diagnóstico temprano de la muerte del embrión.

- Diagnóstico y monitores de preñez de gemelos.

- Diagnóstico del sexo del feto.

Fuente: Revista Genética Bovina Colombiana, 2007

Sombreadores o áreas de ocio.

Se debe sombrear áreas en patios descubiertos. A ser posible su orientación será Este Oeste en dirección al curso del sol. A cada vaca se le proporcionará 20 m² de área sombreada para que no estén estresadas. Lo más práctico es cultivar arboledas dentro y alrededor del sombreador, en una especie de túnel arbóreo, antes del ordeño vespertino, donde sestearán todas las vacas a ordeñar, por lo tanto este sombreador deberá tener el mismo tamaño que un pequeño potrero. En el sistema propuesto será de 2.500 m a 5.000 m², dependiendo del tamaño del módulo y los potreros. A estos árboles se les debe proporcionar mantenimiento y cuidados pertinentes, de forma permanente, cuidando de aislar sus tallos y raíces de las excretas. De preferencia se utilizará algunas de las leguminosas mencionadas anteriormente que producen forraje y fruto El sombreador servirá como sala de espera, que en algunas fincas está dotado de comederos individuales para suplementar las vacas antes del ordeño.

El estrés calórico puede causar problemas como baja en la producción de leche (entre 10 y 30 %); caída en el contenido de grasa y proteína (0,2-0,4%); incremento en células somáticas en la leche (que afecta su calidad); la tasa de concepción (bajas entre un 10 a 30%); la detección de celos (un 50%).

Refrescamiento y Ventilación.

En el trópico bajo, es conveniente utilizar ventiladores en la sala de espera y de ordeño para ventilar los animales y así bajar su temperatura corporal en días calurosos, sobre todo durante el ordeño de la tarde, para dar confort o comodidad a las vacas antes y durante del ordeño, Las vacas a inseminar, después de las 11 am deben ser bañadas por 30 minutos para bajar la temperatura corporal.

TEMA III.
SANIDAD ANIMAL.

SANIDAD ANIMAL.

La Sanidad Animal, estará basada fundamentalmente en un plan de bio contención, que incluye vacunaciones desparasitaciones y otras medidas. Serán subsanados todos los casos clínicos, que eventualmente se presentaren, los cuales serán reportados al médico veterinario, durante su visita quincenal para validación del tratamiento, quien a su vez, lleva el control reproductivo. En caso de emergencia se solicitará inmediatamente la presencia de un veterinario.

Una prueba de mastitis subclínica debe realizarse quincenalmente, a partir de una muestra de leche procedente del tanque de almacenamiento. Si resultare positivo se practicará a todas las vacas en ordeño, para detectar las que están enfermas y se les cumplirá el debido tratamiento.

Prácticas de limpieza de corrales, becerreras, sombreadores y demás instalaciones deben ser mantenidas e inducidas al personal.

Control y/o Erradicación de Enfermedades.

Parásitos y/o plagas de los bovinos; planes a fin de controlar aftosa, brucelosis, Leucosis bovina, leptospirosis, tripanosomiasis, lengua azul, diarreas virales, estomatitis, entre muchas otras; sustentados en la aplicación de vacunas obtenidas de cepas presentes local o regionalmente.

Se debe aplicar manejo integrado de plagas para control de garrapatas, nuches, miasis, piojos, tábanos, entre otros, **con uso racional de biosidas** y control de ciclos de vida, hospederos y/o medidas culturales.

De igual modo se debe actuar para el control de endoparásitos (nemátodos, helmintos y cestodos) El efecto de la aplicación de planes sanitarios integrales eleva la producción de leche en los rebaños adecuadamente tratados en un plazo casi inmediato.

El plan sanitario estará dirigido principalmente a la prevención, a fin de evitar tratamientos curativos en lo posible, minimizando costos. El programa de vacunación de la finca debe ser reestructurado por lo menos una vez al año.

Se incluirá pruebas de diagnóstico para Brucelosis, Leucosis leptospirosis y tuberculosis.

Diagnóstico Clínico Detallado del Rebaño.

Debe realizarse exámenes clínicos periódicos, para detectar y prevenir enfermedades como Brucelosis, Leucosis, IBR, BVD, BRSV y otras enfermedades sistémicas.

Posteriormente, se aplicará tratamiento en los casos que lo ameriten y las vacunas indicadas.

Se aplicará también vacunas contra La Tritrichomoniasis y Campylobacteriosis a hembras a la edad de servicio.

Se hará pruebas en los toros antes de entrar a servicio.

Los análisis sanguíneos se refieren al diagnóstico de enfermedades de tipo reproductivas tales como: Brucelosis, Leptospirosis, Rinotraqueitis Infecciosa Bovina, Diarrea Viral Bovina y Neosporosis.

Se remitirá periódicamente, muestras al laboratorio, para la detección de babesiosis o piroplasmosis.

La vacuna anti garrapata inhibe la ovoposición, de los individuos que han chupado sangre de bovinos pre inmunizados, disminuyendo sensiblemente la población de garrapatas, hasta el punto de requerir tan solo uno o dos baños al año.

Control Biológico de Parásitos.

1. El control de parásitos debe provenir de la combinación de varias estrategias. La primera de ellas es el mismo patrón de pastoreo. Mientras más cortos los tiempos de ocupación de cada potrero, mejor si es menor a 24 horas, pero seguidos de tiempos de reposo largos de 28 días como mínimo, en este caso; con esto se rompe el ciclo de reproducción de los parásitos. Además, se podrán usar de forma alternada para no crear resistencia, todos los benzimidazoles, entre ellos el ricobendazol, el fenbendazol, el albendazol, el oxibendazol, etc. Solo en caso de que haya presencia de parásitos. Y además, no hay que usarlo en todo el ganado, solamente en los animales más infestados. No se deben usar antiparasitarios en todo el ganado porque se genera resistencia y no se cumple su función debidamente. A los animales infestados se les debe separar del grupo para evitar contagio, aislarlos en un potrero clínico, y se les da un tratamiento específico hasta que queden relativamente

limpios y puedan regresar con el grupo. Conviene entonces mantener un potrero "hospital" que pudiera ser el mismo potreo escuela.

También se podrá implementar el uso de medicamentos alternativos, de tipo orgánico, como lo es el extracto de semilla Nem, y este se puede combinar con el uso de productos homeopáticos que ayuden a que el animal se mantenga resistente; actúa también y hasta repelente contra los posibles parásitos.

La población de árboles en los potreros y cercas, retornará principalmente la fauna aérea (aves), y otros animales de estos ecosistemas, que también actuarán como depredadores naturales de las larvas y crías tempranas, de los parásitos

Existe una gran gama de organismos que son útiles en el control biológico del sistema ganadero y de cualquier sistema agrícola que quiera incursionar en estos controles. Están los hongos entomopatógenos que se encargan de parasitar el parasito que afecta el ganado, por ejemplo la garrapata es parasitada por el hongo el cual se reproduce sobre él y termina eliminándolo al inyectar sus mico toxinas en su huésped, tales como el Metarrizium anisofhilae, Bauveria Basiana, Bacilus lillacinus y Tricoderma Sp.

Entre los insectos controladores, está la mantis religiosa, la crisopa, la tijereta etc.

La mantis es un insecto, vorazmente depredador, desde que eclosiona de su huevo, La Crisopa también tiene este comportamiento. y se encuentra en el mercado de controladores biológicos.

Existe también una avispa que parásita las pupas de la mosca, minimizando así su incidencia. Por todo ello, debe evitarse el uso de agentes químicos en la finca ganadera, para poder cuidar la biocenosis. El escarabajo estercolero, por su parte, se alimenta de las larvas y huevos de la mosca depositadas en el estiércol.

La pulpa de tapara o totumo (crescentia cujete) se está usando como antihelmíntico, por su elevada cantidad de taninos. Es un cultivo permanente, resistente a la sequía que puede sembrarse en los potreros como árbol forrajero para ramoneo debido a su contenido nutricional para el ganado.

Mientras el PRV funcione correctamente, la incidencia de parásitos se reduce notoriamente, pues la misma rotación constante del ganado, y la protección de la biocenosis del sistema ganadero, equilibran los controles biológicos de plagas. aves, avispas o abejas, coleópteros, dípteros, arácnidos, roedores, primates, anfibios, reptiles, que se alimenten de garrapatas, moscas, tábanos, larvas, huevos y pupas de parásitos intestinales en su fase externa al animal (en las heces del ganado). Y estos animales no hay que comprarlos y ponerlos en el ecosistema. Cuando hay suficiente cantidad de árboles y arbustos en lospotreros, y permiten que se desarrolle la vegetación nativa, entonces esta flora multi diversa y natural genera las condiciones propicias para que llegue a ella todo tipo de fauna. A esto es justamente a lo que se denomina Control biológico.

Lo más práctico es que se haga muestreos aleatorios de parásitos al rebaño, y aplicar desparasitante solo a aquellos que lo requieran, pero el desparasitante que se debe utilizar no es la ivermectina, moxidectina, doramectina, o ninguna de ellas que se le parezca. El desparasitante debe ser el que el veterinario le indique como más específico a los parásitos encontrados en las muestras. Pero cualquiera que sea el parásito   encontrado,

Lo que sucede es que el espectro de acción que tienen estos medicamentos es solo antiparasitario interno, pero la ivermectina tiene un espectro de acción interno y externo, pero al ser útil contra garrapatas y nuches que es el parasito externo que más causa daño, que se consideran como insectos, también actúa como insecticida en múltiples insectos que no se deben eliminar del ecosistema del potrero. Las ivermectinas después de hacer su control parasitario sobre el ganado, se deposita en la bosta por largos periodos, y estas bostas al ser consumidas por los escarabajos estercoleros, lombrices, grillos de agua, hormigas, entre otros, matan todo la micro y mesofauna de los potreros, y también a los controladores biológicos deteriorando el ecosistema fertilizador.

En la medida en que se hace PRV correctamente, se van necesitando medicamentos con menos frecuencia, pues el equilibrio biológico que allí se promueve, la arborización de los potreros, el acceso al agua constante y la buena alimentación, permite un adecuado confort animal, y cuando hay confort, se reducen los cuadros clínicos, pues el sistema inmune se fortalece.

Sólo los animales que se enferman son los que se medican; si persiste la aparición de la enfermedad o ésta no cede, es preferible salir de ellos para evitar que sean transmisores del vector o agente que enferma, y para evitar que contaminen su suelo y genere degradación de su biocenosis.

Plan de bio contención.

Antes de introducir los animales al nuevo módulo, o a la finca, deben ser desparasitados en otro lugar y cuando estén limpios, se introducen al módulo y se olvidará el tema por un buen tiempo.

Se debe seguir un plan de bio contención, comenzando por las vacunas de aplicación obligatoria solicitadas por la norma sanitaria cuyas fechas de aplicación deberá ser adaptado o modificado por el Médico Veterinario, de la finca, en atención a la zona del país, puesto que factores climatológicos edáficos y otros, influyen en la aparición de vectores y enfermedades.

Puede usarse en forma simultáneamente alternada la flor de azufre y la sal de ajo, ambos en una mezcla con la sal mineral a una concentración del 5% máximo, a una dosis de ½ kg de la mezcla por cada kg de sal. Esto no es muy efectivo si la fuente de contaminación es constante, si el ganado ingiere pastos y aguas con alta contaminación parasitaria. Por esto, hay que hacer una rotación diaria de los potreros, vaciar el remanente de agua en los bebederos y llenarlos horas antes de entrar el ganado al potrero y a los corrales.

Si el ganado bebe agua en jagüeyes y estanques siempre estará parasitado, porque las aguas quietas se llenan de parásitos

TEMA V.
REPRODUCCIÓN Y GENÉTICA.

TEMA V.
REPRODUCCIÓN Y GENÉTICA.

Debido al alto costo de los suplementos balanceados, se utilizará sistemas que maximicen la utilización de los pastos y minimicen el uso de balanceado.

El doble propósito no es una moda que pasará con el tiempo; es el sistema productivo apropiado para unas condiciones particulares de la región tropical, que ha mostrado su mayor versatilidad para producir bajo condiciones difíciles de ambiente, alimentación, manejo, y otros aspectos.

Se criará y explotará vacas doble propósito, que debe ser un animal con capacidad productiva y reproductiva satisfactoria con la utilización de recursos propios del trópico.

Los resultados obtenidos en varios países tropicales tienden a señalar que la vaca con 50% de genes paternos de vacunos lecheros (F1) alcanza niveles de producción de leche que puede ubicarse cerca de los 4.000 litros por lactancia y desteta un becerro anualmente, el cual, produce un ingreso económico adicional con su levante y posterior venta como carne en pie o en canal.

Las mismas experiencias citadas señalan que el animal F1 es superior en sobrevivencia, velocidad de crecimiento y producción de leche. Bajo condiciones extremas, los animales intermedio (F1) y sus variantes producen más leche y presentan intervalos entre partos más cortos que los de alto mestizaje europeo, presentan menor índice de abortos y una vida útil mayor. En consecuencia, se seguirá la siguiente normativa:

Manipulación genética para la creación de nuestra raza Doble Propósito Tropical

No es ninguna quimera, ni ciencia ficción. Con las cruzas indicadas, como en Argentina (hollando argentino) o en Brasil

(Girolando) en las Redes de productores se puede crear nuestra propia raza.

La nueva raza será de capa o color claro o rojo, pelaje corto, resistente al calor, humedad, radiación solar y parásitos, de gran alzada, de alta eficiencia reproductiva, que produzca más de 4.000 kg de leche por lactancia en 305 días. Para ello es necesaria la manipulación genética mediante I A y transferencia de embriones.

El objetivo primordial, de este compendio tecnológico como se indicó al inicio, es mantener en nuestros países tropicales, la mayor cantidad de vientres, pariendo todos los años, lo que nos aseguraría suficiente producción de leche y carne. Este parámetro puede lograrse aplicando masivamente, las prácticas de manejo, alimentación, sanidad y reproductivas, descritas en este compendio.

Clasificación fenotípica del rebaño.

Inicialmente, se realizará un examen fenotípico detallado a todo el rebaño de hembras, para determinar la raza o composición genética del toro apropiado, con cuyo semen se inseminará, lo cual será anotado en la hoja de vida reproductiva de cada vientre. Esta práctica se inicia con la incorporación de mautas al programa de recría, con lo cual se descartará de una vez, las hembras destetadas que no se van a dejar en la finca y por tanto se eliminarán o venderán.

Un 3% de las vacas será de la raza Criollo puras, a las que se inseminará con Holstein o con la raza doble propósito Rojo Sueco, o con Mossa Ijsell rihn, raza rústica, doble propósito alemana, que dio origen al Holstein rojo canadiense, a fin de obtener y criar en la finca las hembras mestizas de reemplazo.

Alternativamente, estas vacas criollas puras se preñarán con semen de toros criollos puros para mantener el banco germoplasma viviente en cada finca.

A las vacas altamente productoras se les realizará colección y congelación de embriones fecundados con Criollo, a fin de conservar el gen del pelo corto, la resistencia al calor y humedad, precocidad y alta fertilidad.

Si bien la lactancia de las vacas criollas en 300 días no supera los 3.000 kg por lactancia, sus cruzas con razas nobles han logrado más de 4.000 kg por lactancia, evidenciándose aumento de la longevidad (más de ocho partos) y facilidad para el parto. (Landaeta A. et al., (2010).Sus ventajas reproductivas son muy deseables en el criollo.

Las mautas seleccionadas para recría y reposición se colocarán en el rebaño de vacas secas hasta alcanzar el peso de 340 kg, etapa en la que pasará a ser clasificada como novilla y se incluirá en el programa de reproducción.

Mejora Genética Permanente del Rebaño Vacuno Doble Propósito Tropical:

Se llevará un diario de eventos productivos y reproductivos, revisión ginecológica del rebaño y tratamiento ginecológico a hembras con problemas reproductivos, el cual alimentará el programa informático ganadero, siguiendo el plan reproductivo y un plan genético integral de mejoramiento expuesto en este manual.

Será descartada de la finca, toda vaca que no esté preñada, al momento del secado.

Reproducción Animal:

Se aplicará permanentemente un programa de inseminación artificial, con semen proveniente de toros cuya composición genética permita mantener un animal intermedio Bos Taurus – con cruzas de criollo Carora, Limonero, Hartón Rojo del Cauca, Romo Sinuano, y razas doble propósito europeas, a fin de mantener una composición genética en el rebaño, adecuada para la adaptabilidad a las condiciones de clima tropical.

Los ocho parámetros de fertilidad seleccionados fueron aquellos de uso habitual y reconocidos por su sencillez, facilidad de calcular en las fincas designadas y de comparar con los benchmarks previamente señalados (González-Stagnaro, 2000, 2002b). Estos parámetros fueron:

Fertilidad al primer servicio (tasa de concepción)

Fertilidad global

Servicios por concepción (s-c) (solo en vacas preñadas)

Frecuencia de vacas servidas con 3 o más servicios

Probabilidad media de preñez: (1/s-c) x 100

Tasa de vacas preñadas a los 100 días posparto

Tasa de vacas vacías con más de 150 días en lactación.

Tasa de eliminación (reemplazos o reposición) por problemas reproductivos

Toros reproductores de repaso.

Para servir vacas que no quedan preñadas con la Inseminación Artificial. (15% de los vientres) debido a razones anatómicas principalmente, se hace necesario el uso de toros adecuados para preñar esas vacas y controlar su monta. Se debe adquirir y mantener suficientes toros para cubrir el 15% de los vientres, a razón de un toro de Repaso por cada 100 vientres, entre los cuales estarían los sementales Criollo Limonero. La sustitución de los Toros de Repaso será cada tres años.

Los machos bovinos no castrados producen feromonas que estimulan la presentación e intensidad del celo en las hembras bovinas aptas, y detectan oportunamente los celos para lograr la preñez (Botero (1992), diseñó una técnica quirúrgica simplificada para preparar terneros detectores y marcadores del celo. Estos machos bovinos complementan la observación visual de los técnicos inseminadores competentes y permiten aumentar la eficiencia reproductiva lograda en programas comerciales de inseminación artificial.

Diario de eventos.

Para llevar a cabo un buen programa reproductivo es necesario poner en funcionamiento un diario con las siguientes anotaciones: partos, servicios o monta, especificando el número o nombre del toro, vacas examinadas ginecológicamente, secados, muertes, vacunas y tratamientos cumplidos, cambios de grupo y traslados dentro y fuera de la finca y observaciones.

Se dispondrá de una hoja para cada día. Siete hojas de cada semana serán enviadas al técnico que opera el Programa de Registros de la finca, para alimentar el mismo, el cual regresará por la misma vía los reportes pertinentes.

Tarjeta de registro de producción y reproducción.

Se trata de una tarjeta o historial de vida para cada hembra en la finca, confeccionada en material duradero, resistente a la manipulación frecuente, que contiene además de la genealogía, datos productivos y reproductivos de la vaca durante toda su vida.Ha sido sustituida con éxito por los modernos programas de software ganadero.

Programa de Inseminación Artificial.

Se llevará a cabo un programa continuo de Inseminación artificial, utilizando semen proveniente de toros elegidos por el veterinario especialista en clasificación genética, cuya adjudicación se hará en el momento de su clasificación, siendo aún una mauta. Esta clasificación se realizará anualmente en el lote de mautas destetadas.

Detección de celos.

La detección de celos es una de las problemáticas más difíciles de resolver a nivel mundial; varía entre 35 - 45%. Por ello, La eficiencia en la detección de celos mejora notablemente en fincas, con la observación visual permanente, el uso de calentadores, la sincronización de celos.

Tres periodos de observación del rebaño de 30 minutos al día, mejora considerablemente la detección de celos. Una eficiencia de detección de celos, del 70% se considera óptima.

La vaca que va a entrar en estro o celo, usualmente vocaliza más, lame a otros animales, intenta montar a otras vacas, camina en círculos con otra vaca olfateando su parte posterior, su vulva generalmente Universidad de Cuenca Facultad de Ciencias Agropecuarias Escuela de Medicina Veterinaria y Zootecnia Autor: María Paz Machado Brito Tema: Etología Bovina Página 48 se vuelve turgente y existe abundante descarga mucosa.

Una compañía neozelandesa, fabrica un dispositivo (podómetro) muy eficaz que consiste en un chip, similar a un reloj de pulsera, colocado en una pata trasera de las vacas, que registra sus movimientos, temperatura, y frecuencia cardiaca media. Que luego transmite a una antena receptora al pasar por la sala de espera del ordeño y transmite los datos a una computadora en el lugar.

Algunos sistemas están provistos de puertas que automáticamente separan las vacas en celo y/o enfermas, a un lado de la manga de salida del ordeño. El sistema tiene una eficiencia de hasta 90 % en la detección de celos.

Parámetros e intervalos de eficiencia reproductiva óptima.

Muchos celos pasan sin la manifestación de los signos externos. (Ovulaciones o celos silenciosos). El primer celo pos parto, en las vacas lecheras se presenta alrededor de los 30 días. No esperar más de 50 días para llevar a cabo la primera inseminación pos parto ya que a partir de este momento es posible lograr tasas de concepción superiores al 50% (Reimers y Smith, 1984).

El Intervalo Parto-Primer Servicio (IPPS) óptimo en las fincas con pariciones continuas, es menor a los 60 días.

El Intervalo Parto-Concepción (IPC), o "días abiertos", representa el tiempo promedio, que transcurre desde el momento del parto hasta la concepción.

Su valor está influenciado por el Índice Parto Primer Servicio (IPPS), la Eficiencia de Detección de celos (Ef. DC) y el IG (Índice de Gestación). El valor de Intervalo parto Concepción (IPC) considerado óptimo, se encuentra entre los 85 y 105 días (Weaver, 1986). Por cada día de retraso en la concepción disminuyen los ingresos económicos, por menos picos de producción, más largos intervalos entre partos, más días de seca y menos terneros por año.

Las vacas paridas, que ya han cumplido su "Período Voluntario de Espera", deberán recibir su primer servicio en el tiempo adecuado.

Se debe lograr que el 90% o más de las vacas paridas reciban su primer servicio en los 30 días siguientes al día en que completan su "Período Voluntario de Espera"; en otras palabras, disminuir la variabilidad logrando que 90% o más de los primeros servicios se den en ese lapso de 30 días y solo un máximo de 10% de ellos se den fuera de ese lapso.

Se requiere que muchos detalles importantes se cumplan para lograr ese objetivo. En este plan se cuidarán e implementarán los siguientes aspectos, que permitirán lograr el objetivo con más facilidad:

1. Manejo Adecuado del Parto y Puerperio, Salud Uterina Post Parto:

Se disminuirá las distocias hasta niveles aceptables, a través del uso de toros de facilidad de parto en las novillas, inseminando éstas, cuando hayan alcanzado el peso crítico mínimo. Las vacas deben ser revisadas ginecológicamente después del parto y post servicio.

2. Cambio de Condición Corporal en los Primeros 45 días Post Parto:

La nutrición de la vaca fresca o en el primer tercio de lactación, tendrá que aportar los nutrientes necesarios y el consumo diario de materia seca por vaca tendrá que ser suficiente para que las vacas no pierdan más de un punto de condición corporal.

La pérdida excesiva de condición corporal afecta negativamente al re-inicio de las funciones ováricas y por ende, a la ocurrencia de celos, pues las vacas tendrán mayor dificultad para mostrar celo.

3. Tasa de Servicios" o porcentaje de vacas elegibles que son presentadas para servicio.

Una adecuada nutrición proporcionará una alta ocurrencia de celos (90% de las vacas ciclando a los 45 días post-parto) La práctica de alimentación forzada que incluye dosis diaria de menos 200 g de minerales con activadores del rumen y buen manejo del calor ambiental, pero también que éstos celos sean detectados con eficiencia (por lo menos un 70% de eficiencia en la detección).

En este caso se tiene que hacer un esfuerzo especial por mejorar los niveles de energía y proteína en la ración así como suplementar adecuadamente vitaminas, micros minerales y control del estrés calórico.

4. Eficiencia en la Detección de Celos:

Se aplicará métodos auxiliares en la detección de celos e implementación de sistemas de sincronización de celos que permitan concentrar los celos en unos cuantos días para facilitar su detección. Estos se aplicarán en novillas.

5. Sistemas de Sincronización de Ovulación:

Permiten exponer a semen a vacas con celos muy poco manifiestos (sin la necesidad de detectar el celo), vacas que de otra forma tardarían demasiado en recibir el primer servicio pos parto.

Vaca que llegue al momento de secado sin preñarse, vaca que debe ser eliminada del hato, igualmente se procede con aquellas que presentaron partos distósicos o que necesitaron ayuda para parir y retención placentaria.

6. Inventario de Preñeces:

Se requerirá un número determinado de gestaciones por mes, el cual dependerá de: el tamaño del rebaño, el porcentaje de desecho anual, el porcentaje de gestaciones perdidas (abortos), el intervalo entre partos que se desea lograr y otros. Es importante lograr ese "Inventario" de preñeces mensual; por un lado, para que eventualmente se tenga el número adecuado de partos mensuales para mantener la producción estable y por otro, para que nazca la cantidad de becerras de reposición requeridas.

Por lo tanto, se determinará lo más precisamente posible, el número de preñeces mensuales que requiere la finca y posteriormente monitorear y graficar el inventario de preñeces mensual, para evaluar resultados y tendencias.

La primera preñez de las novillas comerciales, solo debe ocurrir cuando alcancen 300 kg de peso vivo, o bien, logren entre el 65 al 70% del peso adulto de las vacas del hato (Bastidas, 2002). Se ha demostrado recientemente que en las novillas cebú comercial que se preñan con 330 kg de peso vivo, se reduce su primer IEP (Botero, 2011b). En el hato bovino de cría comercial de América Tropical las vacas logran su primer parto con cerca de cuatro (4) años de edad.

En las vacas solamente se puede aumentar su vida útil, reduciendo su edad al primer parto. Si una ternera es destetada con ocho (8) meses de edad y 150 kilogramos de peso vivo, para que logre el peso de empadre de 330 kilogramos, deberá ganar 180 kilogramos de peso vivo, a partir del destete. Si la ternera consigue una ganancia de peso de 500 gramos/día, durante 12 meses después del destete, la cual es perfectamente factible de lograr en pastoreo en el trópico, (0,5 kg/día*360 días = 180 kg), a los 20 meses de edad lograría el peso adecuado para preñarse (330 kg), y su primer parto ocurriría a los 30 meses de edad (2,5 años y con cerca de 400 kg de peso vivo).

Remplazar y descartar anualmente, un mayor número de vientres, permite ejercer una mayor presión de selección y avanzar así con mayor rapidez en el mejoramiento genético, adaptación y producción del hato.

Producir un mayor número anual de animales para venta (vacas de descarte, terneros (as) destetados o novillos (as) levantados o engordados) permite circular más rápidamente el dinero, reduce los intereses al capital invertido en semovientes y, en consecuencia, aumenta sensiblemente la rentabilidad a la inversión en la empresa ganadera.

7. El Inseminador.

La finca contará con un práctico Inseminador y un ayudante. Ambos estarán dedicados a la inseminación y todo lo relacionado con el manejo reproductivo, sanitario y nutricional del rebaño. El ayudante del Inseminador será preferiblemente el arreador, quien lo apoyará en la detección de celos, puesto que la mayoría de celos se observan cuando las vacas son conducidas desde el potrero a la sala de ordeño y viceversa. El sesteadero y sala de espera son los lugares por excelencia para la detección de celos

Un incentivo especial podría pagase al Inseminador por cada vaca preñada, el cual será compartido en igual proporción con el ayudante que detecta los celos.

Ofrecer vida digna y confortable a los animales es atributo del Sistema Voisin y meta que sus difusores y aplicadores hacen absoluta cuestión de alcanzar, exhibir y proclamar junto con las de orden técnico y económico.

Programa de registros automatizado (Soft ware ganadero).

Este programa ganadero se llevará en tiempo real, para una mejor gerencia de los aspectos productivo, reproductivo, sanitario, contable y de manejo del rebaño, de potreros, su riego y abonamiento.

Los eventos ocurridos serán vaciados en el computador de la finca o enviados semanalmente a un operario del programa ganadero que estará ubicado en la vivienda u oficina del productor, en la asociación de Productores Libres Asociados (REPLA), para su procesamiento. El operario emitirá reportes que serán devueltos a la finca por la misma vía, indicando:

Vacas a parir, vacas a servir, vacas a revisar ginecológicamente pos parto, y pos servicio, vacas a secar, vacas a descartar, nuevos animales registrado, inventario general, inventario por lotes y otros parámetros técnicos que permiten a los encargados de la finca manejar eficientemente el rebaño y los recursos.

Un médico veterinario visitará la finca una o dos veces al mes, cuya visita será de más de 4 horas, de duración incluida una conversación con el administrador gerente, el Inseminador, y encargados de la alimentación, revisión de las prácticas ganaderas, ambiente en que se encuentran los rebaños, control ginecológico, producción y salud de los animales, control del calor y estrés, protocolo de cría de hembras y método de inseminación artificial para conseguir una tasa de gestación del 80% mínimo, para obtener tasas de reposición del 15% anual

El tanque o termo para semen, debe completarse su carga de nitrógeno mensualmente sin falta, actividad que realiza el proveedor de semen.

Uso de prostaglandinas.

Durante el examen ginecológico respectivo, se suministrará prostaglandinas sólo a hembras en anestro y aquellas que tienen más 60 días pos parto. El PRV disminuirá notablemente los anestros.

El diagnóstico e indicación de tratamientos y control de enfermedades del tracto genital de las hembras en edad reproductiva, desde la metritis puerperal, hasta endometritis subclínica, que pueden comprometer hasta el 85% de las vacas; es imprescindible. Por ello, la visita quincenal o mensual para revisión ginecológica es importante.

Cuando los animales están bien nutridos mediante un programa de suministro de una dosis diaria de un suplemento ruminal con minerales las anomalías reproductivas disminuyen sensiblemente.

Caracteres a incluir en la evaluación genética.

- Producción de Leche: Hembras: directamente; machos: a través de medias hermanas, madre e hijas.

- Fertilidad en hembras:

Intervalo entre parto y concepción.

Número de servicios por concepción.

Intervalo entre partos.

- Crecimiento: Hembras: edad al primer parto.

- Sobrevivencia: sobrevivencia de crías.

-Apariencia externa: libre de defectos anatómicos hereditarios.

Evaluación de hembras:

La evaluación genética de hembras es de gran importancia en los sistemas de producción doble propósito en el trópico, ante la dificultad de evaluar machos mediante la prueba de progenie. El programa o software ganadero provee los datos necesarios para la selección propuesta.

Eliminación de anímales improductivos:
Una vez establecidas las metas productivas y reproductivas, es necesario eliminar los animales que no cumplan con los parámetros.

Criterios para seleccionar vientres de desecho y reposición.

Para sólo mantener el stock de vientres intacto, se repondrán los siguientes vientres:
Mortandad de vientres desde preñez hasta fin de la parición: 0,5 - 1,5 %.
Vacas viejas, con desgaste dentario, con problemas de ubre, patas: 0,2 al 2,0 %.
Defectos al tacto – fetos momificados, metritis, quistes ováricos, etc: 0,2 al 2,0 %
Vacas vacías al tacto y que vuelven a quedar vacías en el servicio de repaso.

Estas causales de desecho no aptas para la cría, son sine *qua non,* pero una vez alcanzado los índices de reproducción y producción óptima, colmada la capacidad de sustentación de la finca, aumentará la presión de selección así:

Se eliminarán también las vacas vacías del tacto, vientres con preñez atrasada, vientres de tipo inferior o que paren becerros de bajo peso y terneros de mala calidad. Esto significará recriar más novillas de reposición, posible solamente si la preñez global es mayor al 90%.

Aparte, será necesario recriar más mautas para contrarrestar alguna mortandad (1 al 2%) o rechazo por tipo, conformación, rengas, mancas, o con problemas de diversa índole.

a) Origen de las novillas.

Las novillas de reposición deben ser hijas de madres paridoras- vacas que se preñan, paren y crían un ternero cada año. Este carácter es de alta heredabilidad. Tanto la preñez global y la preñez cabeza es mejor en las vacas *paridoras que* en las falladoras.

La circunferencia escrotal (CE) de los padres influye en la edad de la pubertad de sus hijas y es importante recabar los datos de CE al adquirir toros o semen. Una CE de 28 cm indica pubertad en prácticamente cualquier raza y la edad en que se produce la pubertad indicaría la mayor o menor precocidad del toro y por extensión la de sus hijas.

b) Área pélvica

La distocia o partos difíciles, ocasionan mortandad del ternero y/o de la madre, partos lánguidos, mayor duración del anestro posparto, etc. La causa principal es el peso/tamaño del ternero seguido de la estrechez del canal pelviano.

Por medio de la pelvimetría se puede medir el área de la abertura delantera del canal 'pelviano en el momento de efectuar el tacto pre-servicio de las novillas. Esto ayuda en la decisión del toro/semen a usar ya que el área pélvica en ese momento se ajusta por medio de coeficientes a la fecha del parto, cantidad de novillas posible indicando el tamaño o peso máximo del ternero que puede parir sin problemas.

Eliminar las hembras de área pélvica estrecha y especialmente las muy estrechas.

c) Preñez en primer servicio; dar preferencia a éstas.

Es conveniente servir la mayor cantidad de novillas posible y al efectuar el tacto de control reponer preferentemente con las preñadas más adelantadas.

a) Aspectos sanitarios para la selección.

El Plan Sanitario deberá ser netamente preventivo y consensuado entre el veterinario y los responsables de cada establecimiento y, por supuesto, seguido a rajatabla.

REFERENCIAS BIBLIOGRAFICAS HEMEROGRÁFICAS Y ELECTRÓNICAS.

Araujo Omar Factores que afectan el consumo voluntario en bovinos a pastoreo en condiciones tropicales.

Álvarez MC, Damborsky MP, Bar ME, Ocampo FC. 2009. Registros y distribución de la especie afroasiática Digitonthophagus gazella (Coleoptera: Scarabaeidae: Scarabaeinae) en Argentina. Revista Sociedad Entomológica Argentina.

Behling Miranda Cesar. Contribución del escarabajo en la mejoría de la fertilidad del suelo. Seminario de pastos y forrajes 2006.

Bernal E.J. Pastos y forrajes tropicales

Crespo y Arteaga 1986; Significado de las excreciones del ganado en pastoreo en el sistema suelo pasto animal.

Crespo, G. y O. Arteaga. 1984. Utilización de estiércol vacuno para la producción de forrajes. Edit. Direc. Informa. Tec. Habana Cuba. pp 25-35.

De la Rúa Franco Michael artículos publicados Cultura Empresarial Ganadera.

Pezo Danilo y Muhammad Ibrahim; Sistemas Silvopastoriles, 1998.

Lazenby J; British grasslands; past, present and future.

Mc Keenan j. 1999, Grass to milk

Kervan Louis. Teoría de la trasmutación de los elementos

Pinheiro Luis Carlos; Tecnología agropecuaria para el trcer milenio, año 2004, dicción 1°. Editorial Hemisferio Sur.

Schwartz Judith; Cows save the planet.

Ocampo y Lean Frutos de leguminosas arbóreas: una alternativa nutricional para ganaderías en el trópico,

Primavesi Ana Suelo Tropical. 1990.

Primavesi Ana. Manejo ecológico del suelo, 1984.

Stobbs 1977 Tro. Grass, 1

Trejo Hamlet. Siete árboles en Venezuela. 2011

Jensen, P. Etología de los Animales Domésticos. Primera Edición. Editorial Acribia. Zaragoza-España. P. 67-78. 2004.

National Research Council. 1974. Nutrients and toxic substances in water for livestock and poultry.

La O O., B. Chongo, D. Delgado, T.E. Ruiz, D. Valenciaga y A. Oramas. 2003a. Composición química y degradabilidad ruminal de leguminosas de importancia para la alimentación animal. II Foro Latinoamericano de Pastos y Forrajes. San José de las Lajas, La Habana, Cuba

Timm Tennigkeit y Andreas Wilkes Kunming, China. Las Finanzas del Carbono de los Pastizales Una evaluación del potencial en los pastizales comunales, 30 de setiembre de 2008

Tadich Néstor Bienestar animal en bovinos lecheros
Foil, Siles y Sánchez: Marango, Moringa Oleifera Lam. Moringaceae 1995.
Especies para reforestación en Nicaragua. Ministerio del Ambiente y Recursos Naturales. Servicio Forestal Nacional.

Nikolaus Foidl, Leonardo Mayorga y Wilfredo Vásquez: Utilización del marango *(Moringa oleifera)* *como forraje fresco para ganado*

Pinheiro, M. L.C. 2.004. Pastoreo rotacional Voisín. Tecnología agro ecológica para el tercer milenio. 1° ed. Buenos Aires: Editorial Hemisferio Sur. 336p.

Berg, B. 2000. Litter decomposition and organic matter turnover in northern forest soils. Forest Ecology and Management. 13:133.

Bolan, R., Amelung, W.G., Friedirich, C. 2004. Role of aggregates surface and core fraction in the sequestration of carbon from dung in a temperate grassland soil. European J. Soil Sci. 55:71.

Boudermagh, A., Kitoni, F., Boughachiche, H., Hamdiken, H., Quilmi, L., Reghioua, S. 2005. Isolation and molecular identification of actynomicete microflora of some sahhariam soils of SE Algeria study of antifungal activity of isolated strains. J. Mycology Med. 15:39.

Broersma, K., Krzic, M., Merman, R., Bomke, A. 2004. Effect of grazing on soil compaction and water infiltrations in interior of British Columbia. Show letter?. No. 110.

Bruce, R.C y Ebershon, J.P.1982. Litter measurements in two grazed pastures in south east Queensland. Tropical Grasslands. 16:180

McDowell L. R. y J. D. Arthington. 2005. Minerales para Rumiantes en Pastoreo en Regiones Tropicales. Cuarta Edición. University of Florida. IFAS.

NRC 1996. National Research Council. The nutrient requirements of beef cattle. 7th Ed. Washington, DC, US: National Academy Press.

Benavides-Calvache CA, Valencia-Murillo M, Estrada-Álvarez J. 2010. Efecto de la veranera forrajera (*Cratylia argentea*) sobre la ganancia de peso de ganado doble propósito. Vet Zootec 4: 23-27.

3. Bosch, H. Útil aporte para elevar uso de postes vivos en la ganadería. Periódico Granma. La Habana, miércoles 24 de junio de 2009. Año 13, No. 175. 2009

4. Clamens, C. *et al.* Exudados gomosos de plantas localizadas en Maracaibo, Venezuela. *Revista de la Facultad de Agronomía, La Plata.* 103 (2):119. 1998

Botero, R. 1996. Estrategias para el establecimiento, manejo y utilización de pasturas mejoradas en Las sabanas bien drenadas de América Tropical. Memorias II Seminario sobre "Alternativas para una mejor utilización de pastos cultivados".

Asociación de Ganaderos de Carabobo, Valencia, Venezuela.

Botero, R. y Russo R.O. 2001. Utilización de árboles y arbustos fijadores de nitrógeno en sistemas sostenibles de producción animal en suelos ácidos tropicales. http://usi.earth.ac.cr/glas/sp/50000024.pdf

UN LIBRO PROSCRITO

Este libro será proscrito por los fabricantes de fertilizantes químicos, herbicidas, pesticidas y demás venenos, fabricantes de alimentos balanceados, desparasitantes, hormonas, tractores, implementos de labranza, mezcladoras de raciones y otros insumos, porque enseña a los ganaderos a prescindir totalmente de estos y a producir de forma eficiente, rentable y orgánica, lo cual conducirá inexorablemente a la merma de las ventas de los fabricantes de tales insumos.

Producir de forma rentable es sensatez, producir muchos litros por vaca es vanidad. Es un refrán de los productores de Nueva Zelanda y Australia, países con el más bajo costo de producción por litro de leche. Nueva Zelanda, es un gran exportador de leche, posee suelos con altas deficiencias a los que aplican pastoreo racional Voisin, permanentemente, sin uso de los insumos mencionados. En el trópico contamos con diversidad de suelos de incomparables ventajas de fertilidad y muchas horas de luminosidad/año, energía gratuita para la fotosíntesis y rápido crecimiento de los pastos que manejamos muy mal.

El Pastoreo Racional Voisin por su potencial agroecológico, ha sido denominado por productores e investigadores como Luis Carlos Pinheiro la alternativa de la ganadería del futuro.

El autor:

Jairo Antonio Faría Romero, es procedente de una tierra y familia dedicada por generaciones, a la ganadería; graduado en la Universidad del Zulia, Venezuela, como médico veterinario en 1980. Ha sido propietario y administrador, de fincas ganaderas periodos en los cuales, ha investigado e implantado novedosos métodos destinados a lograr una mejor utilización y gestión de los recursos suelo, pasto, agua y bovinos. Ecologista apasionado, ha emprendido una campaña por la concientización de los productores para para la utilización métodos no agresivos al suelo y el ambiente.

Es un seguidor y estudioso de la obra André Voisin y Luis Carlos Pinheiro, quienes revolucionaron la actividad productora de leche y carne, de forma orgánica y rentable. Es coautor de tres obras sobre cooperativismo y autor de varios artículos sobre ganadería bovina Doble Propósito Tropical.

El Dust Bowl o "cuenco de polvo"

Fue uno de los mayores desastres ecológicos, económicos y sociales del siglo XX, y se debió a una mala gestión agro-ganadera que unida a la sequía convirtió en desierto vastas extensiones de terreno en el sureste de Norteamérica (Alan Savory en charla impartida en el Trinity college de Dublín Irlanda)

En algunas zonas degradadas en Latinoamérica este fenómeno ha comenzado en pequeñas proporciones.

Made in United States
Orlando, FL
17 November 2024

54037268R00182